選手

#CHAMP_CHAMP

PROLOGUE

We're here to take over
우린 여길 점령하러 왔다

영화 『주먹이 운다』의 주인공은 두 명이다. 한 명은
아시안게임 복싱 은메달리스트 출신이지만, 도박 빚과 사업
실패로 생활고를 겪는 태식으로, 길거리에서 돈을 받고
사람들에게 맞아 주는 일을 하면서 생계를 이어 간다. 상환은
사고뭉치 10대다. 소년원에 들어가서도 천둥벌거숭이처럼
날뛰다가 강자들을 만나 복싱에 매력을 느낀다. 두 복서는
각자의 목표를 세우고 신인왕전에 나선다. 경쟁자들을 하나씩
꺾고 올라간 결승전. 승리를 양보할 수 없는 둘은 사력을 다해
싸운다. 하나의 링, 두 명의 주인공 그리고 두 가지 이야기.
『주먹이 운다』는 투기 스포츠의 매력을 응축해서 보여 주는
수작이다.

투기 스포츠는 링이나 케이지, 매트나 모래판에서 실력을
겨루는 일대일 경기다. 두 선수는 상대를 꺾기 위해 전심전력을
다한다. 그 과정에서 서로에게 시련을 안겨주기 마련인데,
이를 뛰어넘으려고 애쓸 때 뜨거운 에너지가 폭발한다.
그렇게 명승부가 탄생한다. 여기에 '이야기'가 함께할 때
감동은 배가 된다. 저들은 왜 글러브를 꼈는가, 저들은 무엇을
위해 싸우는가, 저들은 어떤 사연을 갖고 있는가를 알고 경기를
보면 풋내기들의 수준 낮은 싸움이 아닌, 사연 많은 태식과
상환의 인생을 건 승부가 된다.

코너 맥그리거는 말했다. "We're not here to take part,
we are here to take over — 참가하려고 여기 있는 게 아니야.
점령하려고 여기에 왔다!" 그의 말대로 맥그리거는
종합격투기MMA 세계를 뒤엎는 게임 체인저가 됐다.
시원시원한 KO 장면으로 사람들에게 카타르시스를 줬다.
월드클래스 타격가인데 옥타곤 안에서만 활약하지 않았다.
경기장 밖에서 사람들의 시선을 끄는 떠버리였다. 자신이
싸울 판을 키울 줄 알았다. 상대의 KO를 예고하며 '미스틱 맥'
이라는 별명도 얻었다. 사람들의 호주머니를 열게 하는 훌륭한
마케터이기도 했다. '노토리어스Notorious'라는 링네임처럼 악명
높았다. 분노를 조절하지 못하고 사고를 많이 쳤다. 스포츠면뿐
아니라 사회면에도 여러 번 이름을 올렸다. 위스키를 팔아 연간
소득 1위 운동선수가 됐다. 크리스티아누 호날두를 넘겠다는
약속을 지켰다.

아무리 봐도 별종이다.

이 별난 캐릭터의 별난 스토리를 소개한다. 그의 단편적인
조각들을 엮어 봤다. 맥그리거를 입체적으로 조망하는 계기가,
그의 경기를 훨씬 흥미진진하게 볼 수 있는 시작이 되길
바란다. 조제 알도, 네이트 디아즈, 플로이드 메이웨더,
하빕 누르마고메도프, 더스틴 포이리에까지 라이벌들의
이야기도 묶었다. MMA라는 스포츠와 UFC라는 단체에 대한
설명도 틈틈이 넣었고, 20년 취재하면서 느낀 생각도 양념처럼
뿌려 놨다. 놀랄 만한 이야기들을 즐겨 주시길 바란다.
'킹' 맥그리거는 늘 '서프라이즈 서프라이즈'를 계획 중이다.
"Surprise Surprise! The King Is Back!"

Conor McGregor

CAGE OF TRUTH
2008. 3. 8 / @아일랜드 더블린 / vs 개리 모리스 / 2R 0:08 펀치 TKO승

CAGE RAGE CONTENDERS
2008. 5. 3 / @아일랜드 더블린 / vs 모 테일러 / 1R 1:06 펀치 TKO승

CAGE OF TRUTH 3
2008. 6. 28 / @아일랜드 더블린 / vs 아르테미즈 시텐코프 / 1R 1:09 니바 서브미션패

K.O. : THE FIGHT BEFORE CHRISTMAS
2008. 12. 12 / @아일랜드 더블린 / vs 스티븐 베일리 / 1R 1:22 펀치 TKO승

CHAOS FC 7
2010. 10. 9 / @북아일랜드 데리 / vs 코너 딜런 / 1R 4:22 기권 TKO승

CAGE WARRIORS 39
2010. 11. 27 / @아일랜드 코크 / vs 조셉 더피 / 1R 0:38 암트라이앵글초크 서브미션패

CHAOS FC 8
2011. 2. 12 / @북아일랜드 데리 / vs 휴 브래디 / 1R 2:31 펀치 TKO승

CAGE CONTENDER 8
2011. 3. 12 / @아일랜드 더블린 / vs 마이크 우드 / 1R 0:16 펀치 KO승

IMMORTAL FIGHTING CHAMPIONSHIP 4
2011. 4. 16 / @아일랜드 레터케니 / vs 패디 도허티 / 1R 0:04 펀치 KO승

CELTIC GLADIATOR 2 : CLASH OF THE GIANTS
2011. 6. 11 / @아일랜드 포트리셔 / vs 아르투르 소빈스키 / 2R 1:12 펀치 TKO승

CAGE WARRIORS : FIGHT NIGHT 2
2011. 9. 8 / @요르단 아만 / vs 아론 얀센 / 1R 3:29 펀치 TKO승

CAGE WARRIORS : 45
2012. 2. 18 / @영국 런던 / vs 스티브 오키프 / 1R 1:35 펀치 KO승

CAGE WARRIORS : 47 *페더급 챔피언 등극
2012. 6. 2 / @아일랜드 더블린 / vs 데이브 힐 / 2R 4:10 리어네이키드초크 서브미션승

CAGE WARRIORS : 51 *라이트급 챔피언 등극
2012. 12. 31 / @아일랜드 더블린 / vs 이반 부힌저 / 1R 3:40 펀치 KO승

CAREER
22W 6L

UFC ON FUEL TV
2013. 4. 6 / @스웨덴 스톡홀름 / vs 마커스 브리매지 / 1R 1:07 펀치 TKO승

UFC FIGHT NIGHT : SHOGUN VS SONNEN
2013. 8. 17 / @미국 보스턴 / vs 맥스 할로웨이 / 3R 5:00 판정승

UFC FIGHT NIGHT : McGREGOR VS BRANDÃO
2014. 7. 19 / @아일랜드 더블린 / vs 디에고 브랜다오 / 1R 4:05 펀치 TKO승

UFC 178
2014. 9. 27 / @미국 라스베이거스 / vs 더스틴 포이리에 / 1R 1:46 펀치 TKO승

UFC FIGHT NIGHT : McGREGOR VS SIVER
2015. 1. 18 / @미국 보스턴 / vs 데니스 시버 / 2R 1:54 펀치 TKO승

UFC 189 *페더급 잠정 챔피언 등극
2015. 7. 2 / @미국 라스베이거스 / vs 채드 멘데스 / 2R 4:57 펀치 TKO승

UFC 194 *페더급 챔피언 등극
2015. 12. 12 / @미국 라스베이거스 / vs 조제 알도 / 1R 0:13 펀치 KO승

UFC 196 *웰터급
2016. 3. 5 / @미국 라스베이거스 / vs 네이트 디아즈 / 2R 4:12 리어네이키드초크 서브미션패

UFC 202 *웰터급
2016. 8. 20 / @미국 라스베이거스 / vs 네이트 디아즈 / 5R 5:00 판정승

UFC 205 *라이트급 챔피언 등극
2016. 11. 12 / @미국 뉴욕 / vs 에디 알바레즈 / 2R 3:04 펀치 TKO승

UFC 229
2018. 10. 6 / @미국 라스베이거스 / vs 하빕 누르마고메도프 / 4R 3:03 리어네이키드초크 서브미션패

UFC 246 *웰터급
2020. 1. 18 / @미국 라스베이거스 / vs 도널드 세로니 / 1R 0:40 펀치 TKO승

UFC 257
2021. 1. 24 / @아랍에미리트 아부다비 / vs 더스틴 포이리에 / 2R 2:32 펀치 TKO패

UFC 264
2021. 7. 10 / @미국 라스베이거스 / vs 더스틴 포이리에 / 1R 5:00 부상 TKO패

CONTENTS

Mystic Mac

Champ Champ

Villain

Mystic Mac

UFC 옥타곤에 이상한 놈이 나타났다.

상대방을 언제 쓰러뜨릴지 예언하고, 자신이 말한 시간에 상대방을 꺼꾸러뜨렸다.

트래시 토크를 거리낌없이 던지며, 판을 키웠다.

아일랜드에서 온 이 파이터는 UFC 회장 데이나 화이트의 마음을 사로잡기 충분했다.

"

타이밍이 스피드를 이기고, 정확성이 파워를 이긴다.

코너 맥그리거 페더급 타이틀전에서 조제 알도를 쓰러뜨린 후

01

UFC 노홍철

2013-2014 옥타곤 등장

"좋아! 가는 거야!" 난데없었다. 도대체 어디를 가자는 말인가. 여하튼 계속 가자고 했다. 노랗게 염색한 머리에 턱수염을 길렀다.
목소리는 하이톤인데 입은 쉬지 않고 나불댔다. 두뇌는 명석해서 남을 잘 속였다. 사람들은 그를 '돌+아이'라고 불렀다.
이제까지 볼 수 없었던 독보적인 캐릭터였다. 오죽하면 한 의사는 2009년 무한도전에 출연해 이렇게 말했다. "아시려나
모르겠네요. 노홍철 씨 처음 TV에 나오실 때 전국의 정신과 의사들이 '저 인간의 진단명이 뭘까' 생각했어요."
노홍철처럼 종잡을 수 없는 '하이 텐션'의 별종이 UFC에 뚝 떨어졌다. 2013년 '노토리어스' 코너 맥그리거의 등장은 그만큼
쇼킹했다. 입이 헬륨가스만큼 가벼운 떠버리였다. 금방이라도 "좋아! 가는 거야"를 외칠 것 같았다. 프로 전적 12승 2패의
만 24세 청년 맥그리거는 2013년 4월 6일 스웨덴 스톡홀름에서 UFC 데뷔전을 펼쳤다. 영화 아저씨의 원빈처럼 옆머리를 바싹
밀어서 도전적인 분위기를 풍겼는데, 말하는 건 백전노장 같았다. UFC 3연승 중인 마커스 브리매지와 경기를 앞두고 "내 경기가
많이 홍보되고 있다. 굉장히 기대된다. 내가 수준 높은 파이터들과 싸워 본 적이 없다고 생각하는 사람들에게 실력을 보여 줄 수
있으니까. 그들이 틀렸다는 걸 증명하겠다"라고 큰소리쳤다. 시작부터 당돌했다.

실력지상주의實力至上主義

빈 수레가 요란한 법이다. 알맹이가 없는 사람들이 말이
많다. 자고로 사나이는 실전에서 실력으로 보여 준다. 링과
케이지는 사나이들의 세계다. 거기서 자란 파이터들은 말이
아닌 결과로 증명한다. 마크 헌트나 제롬 르 밴너를 떠올려
보자. 한국팬들이 두 K-1 싸움꾼들에게 열광했던 건 가볍지
않은 무게감을 느껴서였다. 링 위에서의 실력이 1990년대와
2000년대 중반까지 격투기 세계의 절대 기준이었다.
대표적인 파이터로 미르코 크로캅을 꼽을 수 있다. 본명은
미르코 필리포비치로, 크로아티아 출신에 경찰 근무 경력이
있어서 '크로캅(CRO COP)'이라는 별명을 갖게 됐다.
1999년 K-1 링에 처음 올랐고 2000년 K-1 월드그랑프리

준우승까지 했다. 2001년 종합격투기에 진출해서 일명
'불꽃 하이킥'으로 나가타 유지, 이고르 보브찬친, 도스
카라스 주니어 등을 잠재웠다. 2003년부터 프라이드에서
표도르 예멜리야넨코, 안토니오 호드리고 노게이라와 삼파전
구도를 그렸다. 그라운드 게임이 약점이었지만 '쩍' 하는
소리와 함께 상대를 고목 넘기듯 쓰러뜨리는 시원시원한
하이킥 KO 장면으로 팬들의 사랑을 받았다. 2005년
표도르와 펼친 프라이드 헤비급 타이틀전은 CGV
영화관에서 생중계할 정도로 한국에서도 인기가 높았다.
크로캅은 경상도 남자처럼 무뚝뚝했다. 언론 인터뷰를
꺼렸다. 기자들이 인터뷰하기 버거워하는 파이터 중
한 명이었다. 대부분 질문에 단답형으로 답했는데, 나 역시

단독 인터뷰 진행할 때 진땀을 흘린 적이 있다. 하지만
역설적으로 그런 크로캅이 좋았다. 말보다는 실력으로
증명하는 사람이라는 걸 알고 있었다. 2006년 프라이드
그랑프리 결승전에서 조시 바넷을 TKO로 이기고 챔피언
벨트를 허리에 감을 때, 크로캅은 차오르는 감격에 눈물을
왈칵 쏟았다. 9월 10일 자신의 32번째 생일에 생애
첫 벨트를 차지했으니 감회가 남달랐나 보다. 차가운
도시 남자 같은 파이터가 사람들 앞에서 꺼이꺼이 울다니,
백 마디 말보다 훨씬 강렬한 장면이었다.
물론 과묵한 사나이 캐릭터만 있던 건 아니다. 경기력 외
요소로 자기 PR에 적극적인 파이터들이 있었다. 미식축구
선수 출신 밥 샙은 키 200cm 몸무게 150kg의 거대한
몸집을 지녔는데 우스꽝스러운 표정 연기로 일본에서
인기가 높았다. 스도 겐키는 30명 이상 댄서들과 꾸미는
뮤지컬 공연 같은 등장이 유명했다. 퍼포먼스 달인이었다.
이 세계의 패러다임이 바뀌기 바뀌기 시작한 건,
일본 K-1과 프라이드가 몰락하고 미국 UFC가 패권을 잡은
2007~2008년 즈음부터다. 바야흐로 마이크 워크의 시대가
왔다. 차엘 소넨이 선두주자였다. 2009년 UFC에 재입성한
달변가 소넨은 인터뷰로 사람들의 시선을 끌어모았다. 그는
레슬러 출신답게 상대를 눕히고 때리는 '그라운드 앤드
파운드(Ground & Pound)' 작전을 썼기 때문에 경기
스타일은 지루한 편이었지만 입으로는 이미
세계 챔피언이었다. 싸울 때보다 인터뷰할 때 더 재미있었다.

'어그로'로 안티팬을 모으는 데도 능숙했다. 심지어 브라질
전체를 적으로 돌리기도 했다. 가장 유명한 건 노게이라
형제를 겨냥한 발언이었다. "노게이라 형제가 처음 미국에
왔을 때 일이다. 빨간불에 정차한 버스가 있었다.
형 노게이라가 버스를 쓰다듬고 동생 노게이라가 당근을
먹이려고 했다. 그들은 버스가 말인 줄 알고 있었다. 이건
실화다. 버스에 당근을 주는 친구들이 있을 정도였는데,
지금 브라질에도 컴퓨터가 있다는 말인가? 정말 몰랐다."
소넨은 캐릭터를 창조하는 사람이었다. 대회사가 만들어
주는 이미지가 아닌, 파이터 자신이 직접 만들어 가는
이미지가 필요한 시대가 왔다는 걸 눈치채고 있었다.
결과적으로 자기 PR은 성공했다. UFC 미들급 타이틀전에
두 번 나설 수 있었으니까. 당시 챔피언 앤더슨 실바에게
모두 지긴 했어도 캐릭터는 확실히 잡았다. 말발만큼은
인정받아 은퇴한 뒤 지금도 TV 분석가로 활약 중이다.
이제 실력지상주의의 정의가 바뀌었다. 옥타곤에서의
경기력은 물론이고, 자기 PR 능력까지도 갖춘 파이터에게
기회가 빨리 찾아왔다. 마이크 워크도 실력으로 쳐 주는
시대가 온 것이고, 그걸 소넨이 보여 줬다.

완벽한 데뷔전

이때 UFC에 노홍철처럼 나타난 사람이 바로 맥그리거다.
빈 수레가 요란하다지만 맥그리거는 반전의 남자였다. 아주
시끌벅적한데 파이터의 자질은 뛰어났다. 겉은 바삭하고
속은 촉촉하다고 할까. 상대하기 까다로운 왼손잡이였고
키 175cm, 팔 길이 188cm로 페더급에서 꽤 큰 체격을
갖고 있었다. 긴 타격 거리를 앞세워 상대를 압박하는
능력이 무척 뛰어났다. 슬금슬금 접근해 펜스에 몰린
상대에게 꽂는 왼손 스트레이트가 일품이었다. 코브라가
쥐를 몰아 사냥하듯 차갑고 날랬다.
맥그리거는 뱀 같았다. 뱀처럼 날카로운 경기 스타일, 매서운
눈과 혀까지 갖추고 있었다. 경기를 앞두고 만나는 상대를
부라리며 '널 끝장내겠다'라고 위협하곤 했다. 그것은
2013년 4월 UFC 데뷔전 상대 마커스 브리매지에게도
마찬가지였다. 맥그리거는 계체 페이스오프 때 브리매지를
잡아먹을 듯 쳐다보며 자극했다. 브리매지는 그전부터 약이
바짝 오른 상태였다. "과대평가된 맥그리거를 혼내 주겠다"
라며 이를 바득바득 갈고 있었다. 알고 보니 이것은
맥그리거의 계획된 심리전이었다. 상대 브리매지를

달아오르게 한 다음, 냉정하게 경기를 풀어 손쉽게 끝내려는
속셈이었고 실제 경기는 그가 그린 그림대로 흘러갔다.
맥그리거는 침착했다. 달려드는 브리매지의 안면에 어퍼컷과
훅을 섞어 충격을 안겨 쓰러뜨린 다음 파운딩 연타로
마무리했다. 1라운드 시작한 지 겨우 1분 7초 만이었다.
승리 직후 맥그리거는 "내게 신경전은 WWE 같은 것이다.
작은 게임이라고 할까. 난 냉정하게 경기를 풀어 간다.
브리매지가 감정적으로 이번 경기에 나선다는 걸 알고

있었다. 과하게 펀치를 던지더라"라고 밝힌 뒤 "데이나,
6만 달러를 줘(Sixty G's baby)!"라고 외쳤다. 멋진 KO승을
거뒀으니 UFC 대표에게 보너스를 달라고 요구했는데,
그날 정말로 6만 달러 보너스를 받았다. 이보다 완벽한
데뷔전은 없었다.

맥그리거는 상승세를 탔다. 4개월 뒤인 2013년 8월
맥스 할로웨이를 판정으로 이겼다. 2014년 7월 디에고
브랜다오를 쓰러뜨리고 3연승을 달렸다. 이 경기에서

맥그리거는 옥타곤 위에서 UFC 역사에 남을 한마디를
던졌다. "우리는 여기 참가하려고 있는 게 아니다. 우린 여길
점령하려고 왔다(We are not here to take part. We are
here to take over)." 정상에 서겠다는 선언이었다. 그에게
겸손은 미덕이 아니었다.

파이터들은 겸손하지 않다. 정확히 말하면 겸손하지 않아야
한다. 다들 경기 전 인터뷰에서 KO승을 확신하는데 100중
99가 똑같이 그렇게 말한다. 상대가 엄청난 강자라 속으론

힘든 경기를 예상하면서도 말로는 "죽이겠다"고 큰소리친다. 떨려도 안 떨리는 척, 아파도 안 아픈 척하는 데 선수다. 지리산 작두, 경상도 짝귀, 전라도 아귀처럼 속마음을 읽기 힘든 포커페이스들이다. 그것이 이 세계에서 살아남을 수 있는 방법이다. 말만 앞서서 무슨 소용이 있냐고 의아해하는 독자들이 있을 것 같다. 하지만 이렇게 하는 데는 나름의 이유가 있다. 종합격투기(MMA)가 싸움에 가장 가까운 원초적인 경기라서 그렇다. 기세에서 밀리고 들어가면 실력이 제대로 안 나올 수 있다. 심리적 위축은 경기력 위축으로 이어진다. 시쳇말로 '쫄리면' 뒤지셔야 한다. 그래서 약한 모습을 절대 보이지 않는다. 럭비 세계 최강 뉴질랜드 국가대표팀 '올 블랙'이 경기 전 하카(Haka)를 하는 것과 비슷하다.

맥그리거는 여기서 한술 더 떴다. 이기는 건 당연한 거고, 이기는 시점과 방식까지도 미리 떠벌리고 다녔다. "1라운드 KO로 이긴다"는 말을 가장 많이 했다. 베이브 루스의 예고 홈런과 다르지 않았다. UFC 3연승 후 2014년 9월 더스틴 포이리에와 대결을 앞두고도 1라운드 5분을 넘기지 않겠노라 약속했다.

포이리에는 쉽지 않은 강자였다. 맥그리거와 싸워 온 이전 상대들과 확실히 다른 수준이었다. 맥그리거처럼 왼손잡이였고 체격도 큰 편이었다. 컵 스완슨과 정찬성에게 졌지만 이후 각성하고 3연승을 달리고 있었다. '맥그리거 같은 요란한 빈 수레는 아직 강자를 못 만나서 까분다'고 맞받아칠 정도로 기세등등했다. 포이리에는 승리를 장담하고 있었다. 그러나 자신감은 경기 후 절망감으로 바뀌었다. 맥그리거가 속 빈 강정이 아니라는 걸 옥타곤 바닥에 코를 박은 뒤에 깨달았다. 1라운드 시작 1분 46초 만에 맥그리거의 펀치를 맞고 고꾸라졌다. 포이리에는 안타깝게도 '미스틱 맥(Mystic Mac)'의 극적인 등장을 알리는 조연이 되고 말았다. 기가 산 맥그리거는 자신이 말한 대로 되지 않았냐며 목소리를 높였다. "내가 1라운드에 포이리에를 KO로 이길 것이라고 하지 않았나. 실제로 1라운드에 끝났다. 여러분은 날 미스틱 맥이라고 불러도 좋다. 난 경기 결과들을 미리 볼 수 있거든!" 미스틱 맥은 우리나라 말로 하면 '점쟁이 맥그리거' 또는 '무당 맥그리거'다. 자신의 미래를 내다볼 수 있다는 의미였다.

격투기에서 트래시 토크는 비유하자면 요즘 유행인 '레버리지 투자'라고 할 수 있다. 수익이 난다고 확신하면 빚을 내서라도 돈을 끌어 차익을 남기는 방식을 가리킨다. 즉, 트래시 토크는 사람들의 관심을 증폭시키기 위해 미리 빌려 오는 부채라고 할 수 있다. 지면 망신을 당하고 쪽박을 차는 반면, 이기면 엄청난 관심을 안을 수 있다. 자연히 몸값과 이름값이 급상승한다. 맥그리거는 UFC에서 레버리지 투자의 귀재였다. 통 크게 베팅할 줄 알았다. 무당이 작두를 타며 점괘를 맞추듯, 자신의 경기 결과를 딱딱 맞히니까 사람들의 관심은 제곱에 세제곱으로 늘었다.

강호동과 맥그리거

국민 MC 강호동은 한때 촉망받는 씨름 선수였다. 모래판에서도 될성부른 떡잎이었다. 샅바를 메고도 남다른 예능감을 자랑해 시선을 모았다. 1990년 3월 천하장사 준결승에서 펼친 대선배 이만기와 일전은 유명하다. 이만기는 샅바 잡기부터 신경전을 거는 어린 후배가 못마땅했다. "아자아자"를 외치며 관중들에게 호응을 유도하던 만 열여덟 살짜리 핏덩어리가 고깝게 보였다. 참다못해 강호동을 향해 성을 냈다. "깝죽거리지 마라" 그런데 강호동은 역시 강호동이었다. 당대 최고의 씨름꾼에게 한소리 들었다고 기죽을 리 없었다. 외려 전투력이 올라갔다. 주심에게 "선수한테 욕해도 됩니까?" 라고 따져 물었다.

강호동도 심리전의 달인이었다. 강호동이 그냥 깝죽거리기만 하는 빈 수레였다면, 지금의 예능인 강호동도 탄생할 수 없었을 것이다. 통통 튀면서도 씨름 실력이 대단했다. 천하장사 5회와 백두장사 7회라는 빛나는 업적을 쌓았다. 이만기 다음가는 기록이다. 때론 요란해도 된다. 실력만 받쳐준다면. 무하마드 알리도 그러지 않나.

훗날 격투기 판을 뒤집어 놓을 맥그리거의 등장은 강호동의 포효처럼 시끌벅적했다. 유머 감각이 뛰어나고 자기 PR 전문가에, 화끈하게 싸워 상대를 눕히는 능력까지 갖췄다. UFC 데뷔 후 마커스 브리매지, 맥스 할로웨이, 디에고 브랜다오, 더스틴 포이리에까지 차례로 잡고 UFC 4연승 무패를 달렸다. 전 세계 팬들은 의사들도 정의하지 못한 노홍철의 정신세계를 보듯, 깝죽거리는 맥그리거를 신기하게 바라보고 있었다. 사람들은 그가 '어디까지 가는지' 지켜보고 싶어 했다.

K-1과 프라이드

K-1 PRIDE UFC

"어떤 일을 하십니까?" 누군가 물으면 "K-1 기자입니다"라고 답하던 시절이 있었다. '테크노 골리앗' 최홍만이 K-1 진출을 선언하면서 샅바를 풀고 글러브를 꼈을 때가 2005년인데, 그때 많은 사람들은 '격투기=K-1'이라고 여겼다. "격투기 전문기자입니다"라고 하면 "그런 기자도 있어요?"라는 질문이 돌아왔지만, "K-1 전문기자입니다"라고 하면 "아! 요즘 최홍만 경기 잡혔습니까?"라며 반가워했다. 소개가 확 짧아졌기 때문에 K-1 기자라고 답하는 게 편했다.

K-1은 1993년 가라테 한 분파인 정도회관의 이시이 가즈요시 회장이 프로모터로 나서 만든 일본의 입식격투기 대회다. 킥복싱, 쿵후, 태권도, 가라테 권법 등 서서 싸우는 타격기 중 어떤 무술이 가장 강한지 겨루는 이벤트로 출발했다. 무술 이름에 모두 알파벳 K가 들어간다는 것에 착안해 K-1이라고 이름 붙였다. 매년 녹아웃 스테이지(토너먼트) 방식으로 챔피언을 가리는 K-1 월드그랑프리가 인기였다. 피터 아츠, 어네스토 후스트, 앤디 훅, 제롬 르 밴너, 마크 헌트, 미르코 크로캅, 무사시 등 우리에게도 친숙한 스타 파이터가 이 무대에서 탄생했다. 한국에서 인기가 부쩍 올라간 건 천하장사 최홍만이 K-1 진출을 선언한 후부터다. 2015년 9월 23일 최홍만이 밥 샙에게 2대 1로 판정승한 K-1 월드그랑프리 개막전 경기는 순간 시청률 15.7%를 찍을 만큼 관심이 높았다.

K-1도 경쟁자를 맞이해야 했다. 프라이드의 도전을 받았다. 프라이드는 1997년 출범한 대회로, 입식격투기 K-1과 다르게 누워서도 싸울 수 있는 종합격투기 이벤트였다. 종합격투기의 영어 이름 MMA는 Mixed Martial Arts의 앞 글자를 조합한 것이다. 여러 종목이 섞인 무술이라는 의미다. 서서 때릴 수도 있고, 누워서 꺾거나 조를 수도 있었다. K-1에선 상대를 펀치로 쓰러뜨리면 복싱처럼 다운이 선언되고 레퍼리가 10까지 숫자를 세지만, 프라이드에선 따로 다운이 선언되지 않는다. 레퍼리가 중단할 때까지 누워 있는 상대를 때릴 수도 있고 관절을 꺾거나 목을 졸라 기권을 받아낼 수도 있다. 입식격투기 K-1과 종합격투기 프라이드는 2003년부터 일본에서 세력 다툼을 벌였다. 매년 연말인 12월 31일에 K-1은 '다이너마이트'라는 이벤트를, 프라이드는 '남제(男祭)'라는 이벤트를 지상파 TV에서 방송해 시청률 대결을 펼쳤다. 인기 파이터를 두고 영입 경쟁도 이어 갔는데 그중 한 명이 미르코 크로캅이었다. 크로캅이 K-1에서 프라이드로 이적할 때 두 단체의 감정이 극에 달했다고 알려져 있다.

K-1 PRIDE UFC
그리고 UFC

하지만, 두 단체는 2006년 야쿠자가 연루돼 있다는 폭로 기사가 터지고 급격히 기울었다. 후지TV 등 지상파 방송사가 중계에서 빠지기로 결정하자 여러 스폰서들이 한꺼번에 떨어져 나갔다. 주수입이 사라지자 기반이 흔들렸고, 파이트머니를 지급받지 못한 파이터들은 다른 살 길을 찾아 떠났다. 헤어 나오기 힘든 악순환이 시작됐다. 한때 구름 관중 8만 명을 불러 모으던 대회치곤 그 끝이 너무 허무했다. K-1은 규모가 축소됐다. 지금은 다케루 등 일본 경량급 선수들이 경쟁하는 무대로 명맥을 이어 오고 있다. 반면 프라이드는 2007년 새로운 주인을 맞이했다.

입식격투기 인기가 사그라들고 종합격투기가 주축으로 부상하던 때, 세력을 키운 미국 UFC가 2007년 프라이드를 흡수 합병하면서 새로운 패자(霸者)로 떠올랐다. UFC는 1993년 출범했다. 원래는 낭심도 때릴 수 있을 정도로 규칙이 거의 없었다. 1994년 12월 UFC 4에서 키스 해크니가 조 선의 소중한 곳을 주먹으로 찍는 장면은 지금 봐도 아찔하다. 워낙 마니악 해서 대중화되기엔 무리가 있었다. 스포츠로 인정받지 못했다. 2001년 카지노 재벌인 프랭크 퍼티타와 로렌조 퍼티타의 자본을 끌어들이고 대표로 나선 데이나 화이트에 의해 변화를 맞이했다. 특히 2005년 스파이크TV와 제작한 리얼리티 서바이벌 오디션 프로그램 『디 얼티밋 파이터(TUF)』가 미국 내 공전의 히트를 치면서 UFC 곳간이 차기 시작했다. 페이퍼뷰(PPV) 수입이 크게 늘었다. 풍부한 자본을 마련한 다음엔 세계로 세력을 뻗쳐 나갔다. 프라이드에 이어 WEC와 스트라이크포스 등 경쟁 단체를 사들여 덩치를 키웠다.

UFC는 미국 캐나다에 이어 브라질 멕시코 등에 진출했다. 아메리카에 만족하지 않았다. 여러 스타 파이터를 발굴해 유럽 아시아 오세아니아까지 지배력을 확장했다. 이제 UFC는 명실공히 세계 넘버원 단체 자리를 굳건히 지키고 있다. 코너 맥그리거는 UFC 세계화에 혁혁한 공을 세운 인물이다. 앞으로 맥그리거가 UFC에 어떤 영향을 미쳤는지 자세히 설명할 것이다. UFC가 유명해지고 격투기와 MMA가 대중화됐다. 드디어 프로 스포츠로 인정받는 분위기다. 시간이 흘러 지금은 내 직업을 '격투기 전문기자' 또는 'UFC 전문기자'라고 소개하고 있다.

02

미스틱 맥
1988-2012 성장 스토리

코너 맥그리거는 원래부터 언변이 청산유수다. 타고난 재담가다. 전 세계 격투기 팬의 마음을 빼앗기 전, 평생을 함께할 조강지처의 마음을 훔친 무기도 위트와 유머였다. 아내 디 데블린은 맥그리거의 매력에 풍당 빠진 2008년 어느 날의 나이트클럽 부킹을 이렇게 회상한다. "진짜 재밌는 사람이었어요. 그때부터 남편은 내게 늘 웃음을 안겨줬죠." 역시 나이트클럽 최강자는 말발 좋은 사람이다. 문제는 당시 가진 게 입 하나뿐이었다는 사실이다. 스무 살 맥그리거는 부모님께 빈대 붙어 있는 빈털터리나 다름없었다. 이제 막 프로로 접어든 풋내기였다. 누가 보면 그냥 '몸 좋은 백수'였다. 설날이나 추석에 친척들에게 잔소리 꽤 들었을 법한 '노는 형'이었다. 하지만 꿈은 원대했다. 남몰래 칼을 가는 중이었다. 틈만 나면 데 블린에게 언젠가 UFC에 진출해 챔피언이 될 것이라고 속삭였다. 허튼 꿈만 꾸는 몽상가라고 욕할 법했지만 데블린은 달랐다. 맥그리거의 가능성을 알아봤다. "맥그리거는 눈만 뜨면 훈련만 생각했죠. 목표를 위해 헌신하는 자세에 마음을 빼앗겼어요." 데블린이 벌이도 변변치 않은 이 남자와 영원히 같이 가겠다고 마음먹은 가장 큰 이유였다.

배관공 견습생
맥그리거가 처음부터 돈벌이가 없었던 건 아니다. 배관공 일은 수입이 짭짤했다.

부모님과 함께 살면서, 꾸준히 일을 배우면 돈을 모아서 독립할 수 있을 정도였다. 맥그리거는 2005년에 학교를 그만두고 18개월 동안 견습 배관공으로 일했다. 그런데 시작부터 일이 마음에 들려 않았다. 배관공 일은 고된 육체노동이었다. 나이 든 배관공 선배들은 허리가 구부정했고, 대부분 건강이 좋지 않았다. 챔피언을 꿈꾸는 맥그리거가 보기에 그들의 눈빛은 죽어 있었다. 결정적으로 MMA 훈련시간을 확보할 수 없었다. 새벽 5시에 일어나 현장에서 10~12시간 일하고 집에 가면 이미 녹초가 된 상태였다. 강도 높은 훈련은 어려웠다. 맥그리거는 고민 끝에 결단을 내렸다. 아버지 토니 맥그리거는 어머니 마가렛을 열여섯 살 때 만나 사랑을 키웠고 스물한 살이었던 1980년 결혼식을 올렸다. 1981년 딸 에린을, 1988년 코너 맥그리거를 낳았다. 셋째 아오이프까지 둔 아버지 토니는 가족을 위해 땀흘리며 악착같이 돈을 벌어온 가장이었다. 공장을 그만둔 뒤에는 26년 동안 택시를

몰았다. 매일 일터로 나가던 사람이었고 남자라면 그렇게 희생해야 한다고 믿었다. "대학교를 못 갔고 일찍 결혼해 아이들까지 있으니 당연히 일을 해야 했다. 드라큘라처럼 야밤에 돌아다니긴 했지만 택시 운전이 좋았다." 그런 그에게 MMA 파이터는 직업이라고 볼 수 없었다. 취미 삼아 운동하는 줄 알았던 아들이 번듯한 직장을 때려치우고 전업 파이터가 된다고 폭탄선언하자 화가 머리끝까지 났다. 괄괄한 두 남자의 싸움은 살벌했다. "어느 아일랜드 남자가 파이터라는 걸 직업으로 삼고 있나?" 아버지가 역정을 내자 아들은 목에 핏대를 세우며 대들었다. "스물다섯 살이 되면 전 자수성가한 부자가 돼 있을 거예요. 그때 가서 후회하지 마세요." 토니는 코너 맥그리거가 전업 파이터가 되겠다고 선언한 그날, 하마터면 아들과 주먹다짐까지 할 뻔했다고 기억한다.

재미있는 건 전 세계 여러 파이터들이 비슷한 경험을 갖고 있다는 사실이다. 예능인으로 맹활약하고 있는 '스턴건'

김동현도 그중 하나다. 약 20년 전 김동현은 대전에서
서울로 올라와 체육관에서 먹고 자면서 파이터의 꿈을
키웠다. 당시 김동현 소속팀 '투혼정심관' 담당 기자였던 난
불광천을 뛰어다니던 김동현을 여러 차례 목격한 바 있다.
잠재력이 뛰어난 신예였다. 특히 가드포지션에서 주짓수가
좋았다. 2004년 국내 무대 스피릿MC에서 데뷔하고 2연승을
달렸고 가능성을 인정받았다. 그런데 여기서 부모님의
격렬한 반대에 부딪혔다. 제아무리 고집이 센 김동현이라고
해도 부모님 뜻을 거역할 수 없었다. 어쩔 수 없이 은퇴를
선언하고 새 출발을 위해 뉴질랜드로 어학연수를 떠났다.
김동현은 "운동을 그만두고 남대문에서 장사하기 전에
뉴질랜드로 갔다. 영어를 못하니까 한국 사람 밑에서 돈을
얼마 받지 않고 일했다. 생선가게에서 생선 손질도 하고
막노동도 했다"라고 회상한다. 하지만 끓어오르는 파이터의
본능을 누그러뜨리지 못했다. 1년을 계획하고 떠났다가
4개월 만에 뉴질랜드에서 돌아왔다. 부모님을 다시 설득해

보기로 마음먹었다. 이번엔 배수진을 쳤다. "진다면 그 즉시
그만두겠습니다"라고 약속해 겨우 승낙을 받아냈다.
돌아온 김동현은 2006년부터 일본 딥(DEEP)에서 싸웠다.
놀랍게도 2007년 UFC에 진출하기 전까지 8경기(7승 1무)
모두 지지 않았다. 대한민국 UFC 1호 파이터 김동현은
그렇게 탄생했다.

축구와 싸움

맥그리거는 1988년 7월 14일 아일랜드 더블린 크룸린에서
태어났다. 많은 아일랜드 아이들처럼 스타플레이어
로이 킨을 꿈꿨다. 유소년 축구클럽에 들어가 공을 찼다.
어른이 되면 킨이 뛰던 맨체스터 유나이티드의 붉은색
유니폼을 입고 그라운드를 누비고 싶었다. 오로지 축구만
생각하던 시절이었다. 그런데 진짜 운명은 다른 곳에 있었다.
맥그리거는 "크룸린에서 크려면 축구를 잘하고 싸움을

잘해야 한다"라고 했다. 그만큼 거친 동네였다. 싸움까지
잘해야 아이들에게 인정받던 그런 곳이었다. 열두 살
맥그리거는 강해지려고 축구클럽 옆에 있던 한 복싱장을
찾았는데 그 선택이 삶을 바꿔 놓았다. 1980년과 1984년
올림픽에서 아일랜드 복싱 국가대표로 뛴 필 서트클리프
코치를 만나 처음 글러브를 꼈다. 이것이 파이터 맥그리거의
출발점이다.

MMA는 여러 투기 스포츠가 섞인, 스포츠 종목이다.
지금이야 체육관에서 MMA를 체계적으로 배울 수 있지만
10~15년 전만 해도 그러지 못했다. 복싱 킥복싱 무에타이
가라테 레슬링 유도 주짓수 삼보 등 특정 종목을 접한 다음,
다른 종목들을 배워 나가면서 MMA 파이터가 될 수 있었다.
그래서 백그라운드가 어떤 종목인지에 따라 파이터 고유의
경기 스타일이 결정되곤 했다. 타격 종목을 먼저 시작한

파이터는 '스트라이커(Striker)'로, 그래플링 종목을 먼저
시작한 파이터는 '그래플러(Grappler)'로 성장하는 경우가
대부분이었다. 몇 가지 경우를 예로 들어 보자. UFC 1
우승자 호이스 그레이시는 타격을 전혀 못하는 대신
주짓수를 기반으로 여러 파이터들에게 서브미션 승리를
거뒀다. 레슬러 마크 콜먼은 레슬링 기술을 UFC에서
활용했다. 태클로 상대를 바닥에 눕혀 놓고 때리는 '그라운드
앤드 파운드'의 일인자였다. 앤더슨 실바는 태권도와
무에타이로 출발한 스트라이커다. 뒤차기와 앞차기 등은
태권도에서, 넥클린치 니킥과 팔꿈치 공격은 무에타이에서
가져왔다. 물론 조르주 생피에르처럼 가라테로 운동을
시작했지만 레슬링 실력을 키워 그래플러에 가까워진
파이터도 있다. 추성훈은 2002년 아시안게임
금메달리스트로 뼛속까지 유도가였는데 MMA에 진출해선

기초를 크룸린 복싱클럽에서 쌓았다. 서트클리프 코치와 훈련하면 한 단계 발전했구나 느끼면서 뿌듯했던 기억이 난다"라고 회상한다.

그래도 여전히 복싱보다 축구가 좋았던 사춘기 소년에게 변화가 찾아왔다. 맥그리거의 가슴에 본격적으로 파이터 열정이 피어난 것은 열다섯 살 때다. 집이 크룸린에서 루칸으로 이사하면서 환경이 바뀐 것이 트리거가 됐다. 오랫동안 사귄 친한 친구들과 떨어져 홀로 지내다 보니 적응이 쉽지 않았다. 지금의 맥그리거를 떠올린다면 상상하기 어렵다. 어디를 가도 분위기를 휘어잡을 것 같은데, 그때는 그저 방황하는 외로운 전학생이었다. 맥그리거는 "10대 청소년에게 받아들이기 힘든 변화였다. 전혀 다른 지역에서 새로운 친구를 사귀기가 쉽지 않았다. 물론 나중에 어느 정도 적응하긴 했어도 한동안 가족들에게 화가 많이 나 있었다"라고 기억한다. 그러면서도 파이터 맥그리거가 싹튼 계기라는 데 의미를 뒀다. "길게 보면 그때 경험이 내 파이터 인생에 도움이 됐다. 홀로 떨어져 생각하는 시간이 많아졌다. 내가 어떤 사람인지 고민하는 기회였다."

맥그리거는 루칸에서 축구보다 격투기를 더 즐기고 있다는 사실을 깨달았다. 공을 차는 시간보다 글러브를 끼는 시간이 길어진 맥그리거는 복싱과 킥복싱에 이어 주짓수까지 기초를 섭렵하면서 MMA 파이터의 꿈을 키워 나갔다. 맥그리거는 열여덟 살이었던 2007년 2월 첫 아마추어 경기를 가졌다. 더블린에 있는 '아이리시 링 오브 트루스(the Irish Ring of Truth)'라는 작은 단체에서 1라운드 TKO승을 거뒀다.

타격가로 바뀌었다.

맥그리거는 시작부터 쭉 스트라이커였다. 복싱과 킥복싱을 배우고 그래플링을 붙였다. 복싱 기본기가 탄탄해 신인 때부터 상대를 KO로 이겼고, 자신감이 붙으면서 타격이 계속 강해진 케이스다. 배경엔 아일랜드 복싱이 있다. 아일랜드는 훌륭한 복서들을 여럿 배출한 나라다. 무엇보다도 지도력이 수준 높다. 1992년 바르셀로나 올림픽 금메달리스트로 1995년 WBC 밴텀급 세계 챔피언에 오른 웨인 맥컬루, 2012년 런던 올림픽 금메달을 따고 프로로 전향해 WBA WBC IBF WBO 라이트급 세계 타이틀을 석권한 여성 복서 케이티 테일러도 아일랜드에서 기본기를 갈고닦은 톱클래스다. 필 서트클리프 역시 아일랜드 복싱의 명맥을 잇는 유능한 지도자였기 때문에 원석 노토리어스의 기반을 잘 다져 놓았다. 맥그리거는 "지금의 날 있게 한

존 카바나 코치와 첫 패배

맥그리거는 2008년 존 카바나 코치가 이끄는 스트레이트블래스트짐(SBG)에서 훈련하며 프로에 데뷔했다. 카바나 코치는 MMA 1세대로, 아일랜드에서 처음 브라질 주짓수 블랙벨트를 딴 선수였다. 타격가 맥그리거에게 그라운드 기술을 가르칠 적임자였다. 게다가 SBG에는 맥그리거 또래의 유망주들이 많았다. 톰 이건, 오웬 로디, 애슐링 달리 등이 무럭무럭 자라고 있었다. 함께 훈련하고 경쟁하는 분위기였다. 카바나 코치가 기억하는 맥그리거의 첫인상은 이렇다. "시끄럽고 공격적인데 날카롭고 건방지기까지 했다. 지금도 거기서 크게 변하지 않았지만." 우리가 상상하는 그대로다. 열아홉의 맥그리거는

자신만만했다. 2008년 3월 프로 데뷔전에서 게리 모리스를 TKO로, 5월 모 테일러를 TKO로 꺾고 나서 어깨가 더 올라갔다.

원래 자신감이 하늘을 찌를 때 허점이 생기는 법이다. 올라갈 때가 있으면 내려갈 때가 있다. 특히 MMA는 변수가 많은 싸움이다. 무패 전적으로 정상에서 은퇴하는 파이터는 손가락에 꼽힌다. 거의 대부분 파이터들이 적어도 한 번은 진다. 그건 노토리어스도 마찬가지였다. 2연승으로 기세등등하던 맥그리거는 첫 패배의 쓰라림을 피해가지 못했다. 2008년 6월 프로 세 번째 경기에서 리투아니아 출신 아르테미즈 시텐코프에게 니바를 잡혀 서브미션으로 졌다. 이때 충격이 상당했다. 맥그리거는 한동안 체육관에 나가지 않았다. 카바나 코치는 겨우 3경기를 치른 신인에게 크게 신경 쓰지 않았다. 첫 패배 후 다른 길을 찾는 풋내기들을 많이 봐 왔던 터다. "솔직히 톰 이건이 맥그리거보다 훨씬 잘했다. 오웬 로디도 뛰어났고, 애슐링 달리도 성장 중이었다. 체육관에 나오지 않는 선수를 쫓아다닐 틈이 없었다. '체육관에 있으면 모든 걸 주겠지만, 없으면 나도 관심 두지 않는다'는 주의였다. 전화 한 통 걸지 않았다"라고 했다. 만약 패배에 쓰러진 맥그리거가 여기서 일어나지 못했다면 MMA의 역사가 바뀌었을 것이다. 이 책도 탄생할 수 없었겠지.

다시 김동현 이야기를 꺼내 보려고 한다. 부모님을 겨우 설득한 김동현이 일본 딥에서 활동할 때다. 김동현의 경기가 있는 날이었는데, 사무실로 한 통의 전화가 왔다. 중년의 남성분이었다. "결과가 궁금해 연락 드렸습니다." 당시 딥의 경기는 국내에서 중계가 되지 않아 기사를 통해서만 결과를 알 수 있었다. 남성분은 혹시나 하는 마음으로 수소문 끝에 격투기 전문매체 번호를 알아내 전화까지 한 것이었다. 중년 남성은 김동현의 아버지였다. 아무리 격하게 반대했다고 하지만 파이터인 아들이 이겼는지 졌는지, 혹시 다치지 않았는지 매우 궁금했던 모양이다. 결국 자식을 이기는 부모는 없다.

맥그리거를 반대하던 부모님도 풀이 죽어 있는 아들이 걱정됐다. 어머니 마가렛이 먼저 카바나 코치에게 전화해 아들을 만나러 와 달라고 사정사정했다. 카바나 코치는 "선수의 부모님이 내게 먼저 연락하는 건 처음이었다. 그때 펀치와 킥을 가르치는 것보다 더 큰 역할이 내게 있을 수 있겠다고 깨달았다. 맥그리거 집에 찾아갔다. 그에게 '40대가 됐을 때 술집에서 그때 그랬어야 됐는데 하고

후회하고 싶진 않겠지. 넌 잠재력이 있어 그걸 써 봐'라 조언했다"라고 당시를 떠올렸다. 이를 계기로 맥그리거는 단단해졌다. 두 번째 패배는 툭툭 털고 일어났다. 2010년 11월 조셉 더비에게 진 다음, 3개월 만에 돌아와 4연승을 달렸다. 어느덧 10경기를 넘게 치른 파이터로 성장했다. UFC는 MMA계의 메이저리그다. 가장 뛰어난 선수들이 모여 경쟁한다. WWE 유명 프로 레슬러 CM 펑크 정도가 아니면 경력이 없는 신인이 UFC에서 곧장 프로 파이터 인생을 시작하는 건 불가능에 가깝다. 전 세계에 퍼져 있는 중견 단체에서 경험을 쌓고 연승을 달려 챔피언 수준까지 돼야 UFC 관계자의 눈에 띄어 발탁되는 것이 현실이다. 김동현, 정찬성, 최두호도 모두 한국과 일본에서 맹활약한 다음 UFC에 진출할 수 있었다. 그러니까 지금 UFC에서 활동하는 파이터들은 자기 지역에서 방귀 좀 뀌다가 온 강자들인 것이다.

맥그리거는 2008년부터 2011년까지 8승 2패 전적을 쌓은 뒤, 케이지 워리어스(Cage Warriors)에서 본격적으로 활동했다. 케이지 워리어스는 UFC가 인정하는 영국 기반의 중견 단체다. UFC는 이곳 챔피언들을 옥타곤으로 데려가곤 했다. 맥그리거는 아론 얀센과 스티브 오키프를 KO로 잡고 페더급 타이틀전 기회를 얻었다. UFC 계약서를 받을 절호의 찬스 앞에서, 맥그리거는 그야말로 인생을 걸었다. 체육관과 가까운 누나 아파트로 들어갔다. 일어나면 체육관으로 달려가 훈련하고 아파트로 돌아온 다음, 밥 먹고 쉬었다가 다시 훈련하고 돌아와 잠자리에 드는 걸 반복했다. 웬만해선 쉬지 않았다. 단 하루도, 일요일도 그랬다. 맥그리거는 2012년 6월 데이브 힐을 초크로 이기고 페더급 챔피언에 올랐다. 반년 뒤인 12월 한 체급 위 라이트급 타이틀에도 도전해 이반 부힌저를 쓰러뜨리고 케이지 워리어스의 두 체급 챔피언이 됐다. 곧바로 UFC에서 전화가 왔다. "계약합시다."

미스틱 맥의 비밀

맥그리거는 자신의 미래를 내다본다. 진즉에 UFC로 갈 운명이라는 걸 알았다. 2010년 여드름투성이 맥그리거가 "난 치고 올라가는 유망주다. 의심하지 마라. 여러분들은 곧 UFC에서 날 볼 수 있을 것"이라고 호기롭게 말한 인터뷰 영상이 훗날 공개됐다. 여러 난관을 뚫고 UFC 무대를 밟은 맥그리거는 정말 '미스틱 맥'이 됐다. 그러나 그의 성장

과정을 찬찬히 들여다보면, 입만 나불댄 게 아니라 말하는
대로 실현하기 위한 부단한 노력이 있었다는 사실을 알 수
있다. 그리고 좋은 에너지를 주는 가족과 친구가 있었다.
누나 에린은 동생이 왜 떠버리가 됐는지 생각하다가 오랜
기억 하나를 떠올렸다. 보디빌더였던 에린은 운동 동기부여
를 위해 읽은 책 하나가 가슴을 울려 동생에게 읽어 보라고
추천했다. 2006년 선풍적인 인기를 끈 '시크릿'이었다.
시크릿은 긍정적 생각이 끌어당김의 법칙에 의해 긍정적인
결과로 이어진다는 내용이었다. 맥그리거는 누나의 간곡한
부탁에 마지못해 DVD 영상으로 출시된 '시크릿'을 데블린과
함께 봤다. 맥그리거의 첫 반응은 "이거 무슨 개똥같은
소리야?"였다. 하지만 그냥 지나치기에는 아쉬워 테스트를
해 봤다. 쇼핑센터에 차를 몰고 가면서 출구 가까운 쪽에
주차 빈자리가 있길 바라고 구체적으로 그림을 머릿속으로
그렸는데, 실제로 갈 때마다 자리가 생겨 신기했다고 한다.
미스틱 맥의 '시크릿'은 별게 아니다. 명확한 목표를 세우고
상상한 다음, 말을 하면서 구체화하고 그걸 위해 노력하고
희생한다! 누나는 동생이 시크릿의 법칙을 삶에 적용하면서
파이터 인생이 바뀌었다고 굳게 믿고 있다. 앞으로도 미스틱
맥의 신기(神氣)에 대해선 계속 소개할 예정이다.
전업 파이터를 결심하고 배관공을 그만두겠다는 아들과
주먹다짐을 할 뻔했다는 아버지 토니는 지난날을 떠올리면
웃음만 날 뿐이다. 아들이 허풍선이 아니었다고 인정한다.
"아들이 '유명해질 테니 두고 보세요'라고 했지. TV에서
나오는 UFC 경기를 가리키면서 '우리는 저기 가 있을 겁니
다. 몇 년 후면 미국에서 경기할 거고요'라고도 했는데….
정말 아들은 미국으로 가더군. 허허허." 스물다섯 살에
자수성가한 부자가 되어 있을 거라고 큰소리친 아들은
2015년 7월 UFC 페더급 잠정 타이틀전을 앞두고 "약속한
나이보다 일 년 늦었다. 하지만 아버지께 말한 것처럼 난
자수성가한 부자가 됐다"라며 뿌듯해했다.
개인적으로 맥그리거가 가장 뛰어난 혜안을 뽐낸 건,
자신을 믿고 지지해 준 천생배필을 어둡고 시끄러운
나이트클럽에서 찾아낸 것이다. 맥그리거는 나이트클럽에서
첫눈에 반한 데블린을 이렇게 떠올린다. "대화를
시작했는데 정말 괜찮은 사람이었죠. 전 착한 여성을
좋아하거든요." 2022년 현재 맥그리거는 데블린과 아들 둘,
딸 하나를 낳고 호화로운 대저택에서 살고 있다. 그러고
보면 앞날을 내다보는 진짜 미스틱은 데블린이 아닐까 하는
생각도 든다.

UFC X

세계 여러 단체들

축구는 각 나라마다 리그가 있다. 가장 알아주는 리그는 잉글랜드의 프리미어리그, 스페인의 프리메라리가, 이탈리아의 세리에A, 독일의 분데스리가, 프랑스의 리그앙이다. 월드스타들이 이 리그에서 발재간을 뽐내는 중이다. 하지만, MMA는 UFC가 독보적인 선두다. 추격해 오는 2위 그룹 미국 벨라토르(Bellator MMA), 싱가포르 원챔피언십(ONE Championship), 미국 PFL(Professional Fighters League), 일본 라이진(RIZIN)과 규모 면에서 격차가 크다. 일단 UFC는 연간 이벤트 수가 40개 내외로 가장 많고, 소속 선수 로스터도 가장 두껍다. 파이터들의 경기력 수준도 다른 단체와는 비교가 안 된다. 그래서 거의 모든 파이터들이 목표로 하는 무대가 UFC다. 파이터들은 UFC에 진출하기 위해 여러 단체에서 경험을 쌓아야 한다. 코너 맥그리거처럼 아마추어 무대에서 실전 감각을 기르고 프로로 전향해 본격적인 승리 사냥에 나선다. 연승을 달리면서 인지도 높은 파이터를 꺾어야 하는데, 가장 확실한 방법은 UFC에서 인정하는 중견 단체에서 챔피언이 되는 일이다. 맥그리거가 두 체급 타이틀을 거머쥔 케이지 워리어스도 그런 단체 중 하나다. 미국 LFA, 러시아 ACA, 폴란드 KSW, 아랍에미리트 UAE워리어스, 일본 판크라스 등도 이름값이 있다. 우리나라에도 여러 단체가 있다. 2022년 기준으로 로드FC, TFC, 더블지FC, AFC, 브레이브CF 코리아, GFC 등이 경쟁하는 중이다.

Bellator

2008년 설립됐다. 모기업은 파라마운트 글로벌이다. 파라마운트 글로벌은 거대 미디어 그룹으로 영화, 팝, 뉴스, 스포츠 관련 다양한 콘텐츠를 제작한다. 벨라토르는 모기업의 자본력을 바탕으로 UFC에 이은 2위 자리를 지키고 있다. 대표는 스트라이크 포스를 이끌었던 한국계인 스콧 코커다. 표도르 예멜리야넨코, 크리스 사이보그, 게가드 무사시 등 유명 파이터들과 계약했다. 반 UFC 라인을 형성하는 대장격인데, 일본 라이진과 협력 관계다.

One Championship

싱가포르에 본부를 두고 2011년 대회를 시작했다. 대표 차트리 싯욧통은 펀드매니저 출신으로 자금을 끌어오는 데 남다른 능력을 과시한다. UFC의 지배력이 약한 동남아시아에 뿌리를 두고 있어 UFC가 경계하는 경쟁자다. 드미트리우스 존슨, 에디 알바레즈 등 전 UFC 챔피언들을 영입했다. 추성훈, 아오키 신야 등 일본 대표 파이터들과 계약했다. 우리나라 파이터들이 많이 활동한다. 김수철이 밴텀급 챔피언을 지냈고, 옥래윤은 라이트급 챔피언에 올랐다. 주요 아시아 국가 중 한국에서만 대회를 열지 못했다. 로드FC와 경쟁 관계다.

Rizin Fighting Federation

프라이드 대표를 맡았던 사카키바라 노부유키가 2015년 세웠다. 일본의 대표 종합격투기 대회로 자리 잡았다. 고미 다카노리, 가와지리 다츠야 등 프라이드 시절 파이터뿐만 아니라 유튜브 스타인 아사쿠라 형제를 내세워 인기몰이 중이다. 함서희가 여성 슈퍼아톰급 챔피언을 지냈다. 벨라토르, 로드FC와 선수 교류 중이다. 프라이드가 그랬던 것처럼 매년 12월 31일 연말 이벤트를 열고 있다.

Professional Fighters League

북미 3위 단체로 평가받는다. 전신은 2012년 설립된 WSOF으로 2017년 PFL로 재탄생했다. 대표는 K-1 레전드 레이 세포다. PFL은 매년 체급별 챔피언을 가린다. 봄부터 체급별 리그전을 여는데 리그전 경기별로 승점을 줘 합산 승점이 높은 파이터들이 결선 토너먼트에서 싸운다. 야구처럼 리그제로 운영되는 것이 특징이다. 조성빈, 이도겸이 진출했다.

Road FC

한국을 대표하는 대회사로 2010년 첫 대회를 열었다. 정문홍 회장과 김대환 대표가 이끌고 있다. 윤형빈과 김보성 등 연예인들의 경기로 국내에서 화제를 불렀다. 중국 자본으로 100만 달러 토너먼트를 개최했으나, 한한령 이후 중국 진출로가 끊겼다. 대표 파이터 권아솔은 트래시 토크로 팬과 안티팬을 동시에 끌어모았다.

03

술이 식기 전에
2015 챔피언 등극

"화웅의 머리를 잘라 오겠습니다." 9척 장신에 두 자나 되는 수염을 기른 범상치
않은 남자가 손을 들었다. 앞서 원술의 장수 유섭, 한복의 장수 반봉이 화웅과
일대일 대결에서 목숨을 잃었다. 화웅의 위세에 연합군 누구도 선뜻 나서지
못하던 터. 출전을 자원한 이 남자에게 자연스럽게 시선이 쏠렸다. 그런데 남자의
직책이 마궁수에 불과했다. 원소와 원술은 이름 없는 하급 장수가 객기를 부리는
것이라며 못마땅하게 여겼다. 눈치 빠른 조조가 분위기를 추스르고 기회를 줘
보자고 했다. 마궁수에게 무운을 빈다는 의미로 뜨거운 술을 따라줬다.
마궁수는 이를 마다했다. "금방 돌아와서 마시겠습니다"라는 말을 남기고
바람처럼 사라졌다. 잠시 후 정말로 화웅의 머리를 베어 왔다. 마궁수는 그제야
조조가 준 술을 맛있게 마셨다. 그리고 한마디. "아직 술이 따뜻해서 좋군요."
소설 삼국지연의 최고의 슈퍼스타 관우가 무명에서 전국구로 떠오르는
순간이었다.
위촉오 삼국시대 일대일 대결처럼 MMA도 '승자독식게임'이다. 아바의 노래처럼
승자가 모든 것을 가져간다(The winner takes it all). 나는 MMA만큼 이 표현이
잘 어울리는 스포츠는 없다고 단언한다. 승자는 천당으로, 패자는 지옥으로 간다.
한 파이터는 "이겼을 때 기쁨과 졌을 때 절망의 감정 폭이 너무 커서 정신과
치료를 받아야 할 정도"라고 말했다. 관우가 화웅을 잡아 실력을 인정받고
유명해진 것처럼 승자는 패자의 명성도 챙겨 간다. MMA에서도 승자는 패자의

인지도를 쫙 흡수하고 이름값을 키워 사람들의 뇌리에
자리 잡는다. 반면 패자는 힘들게 쌓아 올린 탑이 와르르
무너지는 충격을 경험해야 한다. 더스틴 포이리에까지
UFC에서 4명을 밟고 올라온 코너 맥그리거는 전국구가 될
준비를 마쳤다. 이제 화웅을 만날 날만 손꼽아 기다리고
있었다.

장창長槍의 고수

맥그리거는 2013년부터 2014년까지 UFC에서 4승 중
3승을 KO나 TKO로 따냈다. 3경기 모두 1라운드에
끝냈다. 피니시율 75%의 킬러였다. 또 다른 재주인
트래시 토크는 맥그리거 인기에 고속 모터 역할을 했다.
연전연승을 달리고 스타성까지 지녀 정상으로 가는 속도가
KTX급이었다. 단숨에 페더급 랭킹 5위가 됐다.
데이나 화이트 대표는 맥그리거의 흥행성에 주목하고 큰

선물을 안겼다. 2015년 1월 데니스 시버를 이기면 UFC
페더급 타이틀 도전권을 주겠다고 약속했다.
곧장 특혜 논란으로 시끄러웠다. 시버가 22승 9패 1무효의
경험 많은 타격가라고 해도 당시 랭킹이 10위였다. 타이틀
도전권을 주기엔 명분이 턱없이 부족한 상대였다. 게다가
키 168cm로 크지 않은 편이었다. 맥그리거는 자신보다
체격이 작고 팔 길이가 짧은 타격가에게 절대적인 강점을
보였다. 뻗는 펀치인 잽과 스트레이트를 잘 쓰는 '거리
싸움'의 달인이었다. '장창'같은 잽과 스트레이트는 '도끼'
처럼 휘두르는 펀치인 훅과 어퍼컷에 비해 힘이 덜 실릴 순
있어도 팔 길이를 최대한 활용할 수 있어 상대가 단신일 때
빛을 발했다. 갈비뼈를 찌르는 앞차기도 긴 팔다리를 지닌
장창의 고수 맥그리거의 주 무기였다. 거기에 동물적인
공간 감각까지 가지고 있었다. 자신의 공격은 닿는데
상대는 닿지 않는 거리를 기가 막히게 잘 유지했다.
맥그리거 본인도 "나보다 체격이 작은 파이터는 날 절대

이길 수 없다"라고 공언하곤 했다. 거리뿐 아니라 타격 임팩트도 강했다. 존 카바나 코치는 맥그리거에겐 하늘이 주신 펀치력도 있다고 극찬했다. "내가 본 가장 깔끔한 스트라이커다. 건드리기만 해도 상대는 쓰러진다. 우리는 이걸 '죽음의 터치'라 부른다"라며 으쓱거렸다.

흔히 야구를 투수 놀음이라고 한다. 투수가 경기 승패를 좌우할 정도로 중요하다는 뜻이다. MMA에서 가장 중요한 건 파이터의 실력과 코치의 전술이겠지만, 매치 메이커의 역할도 간과해선 안 된다. 매치 메이커는 랭킹과 최근 전적을 보고 두 파이터 'A'와 'B'를 매치업하는 사람을 말한다. UFC에서 매치 메이킹에 관여하는 사람은 데이나 화이트 대표를 포함해 총 3명이다. 중량급 매치 메이킹은 믹 메이나드가, 경량급 매치 메이킹은 션 설비가 책임진다. 이들은 'A'와 'B'의 경기 스타일을 고려해 대진을 짜기도 하는데, 어느 정도는 누가 유리한지 미리 계산할 수 있다. 개인적으로 매치 메이커가 승패를 좌우할 정도로

중요하다고 본다. "MMA는 매치 메이커 놀음"이라는 말을 자주 한다.

당시 전문가들은 맥그리거가 힘과 체력이 좋은 레슬러에게 약할 것이라는 분석을 내놓고 있었다. 1위 채드 멘데스, 2위 프랭키 에드가, 3위 리카르도 라마스도 자신들이 맥그리거에게 경기 스타일에서 유리하다고 주장했다. 대학교까지 레슬링을 한 이들은 "맥그리거를 심해로 끌고 가 끝내겠다"고 으름장을 놓곤 했다. 여기서 심해는 바닥을 의미한다. 맥그리거를 그라운드에서 레슬링으로 압살할 수 있다고 자신했다. 공교롭게도 맥그리거가 이전까지 맞붙은 4명의 상대들은 모두 스트라이커들이었다. 맥스 할로웨이와 더스틴 포이리에는 기량이 만개하기 전이었고, 마커스 브리매지와 디에고 브랜다오는 맥그리거보다 체격이 작았다. 맥그리거를 밀어주려고 매치 메이커들이 유리한 상성의 파이터만 골라 주고 있다는 비판에서 자유로울 수 없었다. 거기다가 랭킹 10위 시버와 붙이고 타이틀 도전권을 준다니! 당연히 불만의 목소리가 커졌다.

시버와 경기는 예상 그대로였다. 맥그리거는 킥으로 간을 보다가 거리가 잡히기 시작하니 강력한 왼손 스트레이트를 안면에 팍팍 꽂았다. 펀치 연타로 시버를 쓰러뜨리고 마운트에서 파운딩을 내리쳐 끝냈다. 결과는 2라운드 1분 54초 레퍼리 스톱 TKO승. 맥그리거는 UFC 5연승을 달렸고 네 번의 (T)KO승을 기록했다. 화이트 대표의 약속대로 운명의 그날이 결정됐다. 날짜는 2015년 7월 11일, 장소는 미국 라스베이거스 MGM그랜드가든아레나, 대회는 UFC 189였다.

소 잡는 칼

UFC 챔피언 조제 알도는 모든 페더급 파이터의 목표면서 또한 가장 두려운 존재였다. 알도는 2004년 프로 데뷔 후, 전적 25승 1패를 기록 중이었다. 2005년 루시아노 아제베도에게 리어네이키드초크로 진 게 처음이자 마지막 패배였다. WEC 챔피언을 거쳐 초대 UFC 페더급 챔피언에 올라 타이틀 방어를 7번이나 성공했다. 강력한 펀치와 킥으로 마크 호미닉, 케니 플로리안, 프랭키 에드가, 리카르도 라마스, 채드 멘데스를 꺾었다. 알도가 잡은 랭커 중엔 '코리안 좀비' 정찬성도 있었다. 알도는 2013년 8월 UFC 163에서 부상으로 빠진 앤소니 페티스 대신 도전자로

들어온 정찬성을 상대했다. 승부에 있어선 피도 눈물도 없는 냉혈한이었다. 상대가 약점을 보이면 집요하게 파고들었다. 4라운드에서 정찬성이 오른쪽 어깨가 빠져 괴로워할 때 그 어깨에 킥을 세 번 찼다. 고통을 참으며 탈구된 어깨를 맞춰 보려고 애쓰던 좀비도 알도의 킥 연발에 뒤로 밀렸다. 사실 알도는 화웅같은 '닭 잡는 칼'이 아니라 '소 잡는 칼'이었다. 맥그리거가 만나러 가는 적은 삼국지연의 최강 여포였다.

모든 스포츠 경기에서 다윗과 골리앗의 싸움은 스테디셀러다. 사람들은 자이언트 킬링(Giant-killing) 스토리를 기대한다. 알도와 맥그리거의 대결은 흥행 요소를 두루 갖추고 있었다. 10년 동안 정상을 지킨 독재자와 말하는 대로 이뤄내는 떠버리의 타이틀전은 사람들의 흥미를 끌기 충분했다.

돈 냄새를 맡은 UFC는 판을 크게 키우려고 작정했다. 유례없는 월드 투어 홍보를 기획했다. 3월 20일부터 31일까지 12일 동안 리우데자네이루(브라질) → 라스베이거스(미국) → 로스앤젤레스(미국) → 보스턴(미국) → 밴쿠버(캐나다) → 캘거리(캐나다) → 뉴욕(미국) → 토론토(캐나다) → 런던(영국) → 더블린(아일랜드)을 돌기로 했다. 화이트 대표는 "UFC 역사상 가장 많이 홍보비용을 썼다"라며 자랑했다.

스포트라이트가 쏟아지는 무대에서 맥그리거는 물 만난 고기다. 그림을 만드는 데 선수다. 알도의 홈그라운드 리우데자네이루에서부터 광기를 드러냈다. 팬들이 모인 펍에서 알도의 사진을 찢어 우걱우걱 씹어 먹었다. 기자회견에선 테이블에 두 다리를 턱 걸친 채 "리우데자네이루는 내 점령지"라고 외쳐 브라질 팬들을 자극했다. 클라이맥스는 더블린이었다. 주요 도시에서 기자들과 팬들을 만난 뒤 맥그리거는 마지막 행사 더블린 기자회견에서 길이 회자될 돌발 행동을 저질렀다. 알도가 방심한 사이 그의 앞에 놓여 있던 챔피언 벨트를 가로채 높이 들고 포효했다. 엑스칼리버를 뽑아 든 아서왕 같았다. 이름 하여 '챔피언 벨트 탈취 사건'이다. 아일랜드팬들은 월드컵 골이 터진 것처럼 열광했고 알도는 씩씩거리며 격분했다. 맥그리거는 "벨트가 그쪽에 있는 이유는 단 하나다. 알도가 아직 나와 싸우지 않았기 때문"이라고 소리쳤다. 분위기가 후끈 달아올랐다.

2인자 흡수

MMA는 변수의 스포츠다. 날벼락이 떨어졌다. 알도가 훈련하다가 다쳤다. 그는 UFC에 경기 20일을 앞두고 부상을 통보했다. 갈비뼈 골절로 UFC 189 출전이

어렵다고 했다. 다시 말하지만 MMA는 승자독식게임이다. 패자가 안아야 하는 고통이 어마어마하다. 잔부상을 안고 싸우는 파이터들도 경기력에 결정적인 영향을 주는 큰 부상이 있을 땐 출전을 포기한다. UFC도 이때는 선수 입장을 충분히 고려한다. 부상을 증명하는 진단서를 끊어 보내면 일정을 연기하거나 경기를 취소해 준다. 그런데 이번만큼은 좀 달랐다. 천문학적인 돈을 홍보비용으로 썼다. UFC 189가 얼마 남지 않은 상태였다. 화이트 대표가 갈비뼈 엑스레이사진을 보고 알도에게 경기를 뛸 수 있는 미세한 부상 아니냐고 따져 물었다.

알도가 없는 경기, 김이 팍 샜지만 손 놓고 있을 순 없었다. 맥그리거는 출전 강행을 결정했기 때문이다. 아일랜드 팬들이 라스베이거스까지 날아오려고 비행기표를 예매했으니 기대를 저버릴 수 없다고 했다. 이 결정은 화이트 대표에게 강한 인상을 남겼다. 훗날 화이트 대표가 틈날 때마다 "맥그리거는 경기를 거부한 적이 없다"라고 칭찬하는 계기가 됐다. 봉준호 감독에게 배우 송강호가 있는 것처럼, 맥그리거는 화이트 대표의 페르소나가 된다. UFC는 서둘러 대체 선수를 구했고 랭킹 1위 채드 멘데스를 불렀다. 준비 기간이 없다고 해도 멘데스는 맥그리거에게 위협적이었다. 전적 17승 2패로 알도에게만 두 번 졌을 뿐이다. UFC 페더급 2인자였다.

2006년과 2008년 미국대학교스포츠협회(NCAA) 디비전1 8강에 든 레슬링 실력자로 맥그리거의 테이크다운 방어 능력을 테스트할 수 있는 적임자였다. 경기는 잠정 타이틀전(Interim Championship)으로 결정됐다. 잠정 타이틀전은 챔피언이 부상으로 출전이 어려울 때 임시 챔피언을 가리기 위해 갖는 경기다. 승자인 잠정 챔피언은 부상 치료 후 돌아오는 챔피언과 통합 타이틀전을 펼칠 자격을 얻는다.

멘데스는 확실히 다른 레벨이었다. 멘데스의 레슬링에 맥그리거는 위기를 맞았다. 1라운드에 이어 2라운드에도 테이크다운을 허용해 밑에 깔리고 말았다. 가드포지션이 익숙치 않은 맥그리거가 잡아 먹힐 수 있는 그림이었다. 팔꿈치를 맞고 오른쪽 눈썹이 찢어지기도 했다. 하지만 맥그리거는 서두르지 않았다. 틈을 엿보고 있다가 멘데스가 길로틴초크를 걸려고 할 때 몸을 틀어 일어났다. 훈련 없이 나온 멘데스는 체력이 바닥이었다. 더군다나 맥그리거의 앞차기와 미들킥을 맞고 오른쪽 옆구리에 심각한 통증을 느끼고 있었다. 맥그리거는 피 냄새를 맡았다. 흐름이 왔다는 걸 알았다. 숨이 가빠지고 느려진 멘데스의 복부를 앞차기로 찌른 다음, 원투 스트레이트를 얼굴에 꽂아 승부를 결정지었다. 2라운드 4분 57초, 맥그리거는 6경기 만에 UFC 페더급 잠정 챔피언이 됐다. 상대가 갑자기 교체됐지만 결과적으로 맥그리거의 기세는 더 올라갔다. 만화 드래곤볼의 악당 셀처럼 2인자의 이름값까지 흡수해 당당히 월드스타로 올라섰다. 자신에게 향하던 의심의 눈초리도 걷어냈다. 그리고 부상을 안고 싸웠다고 밝혀 멘데스는 물론 알도까지 물 먹였다. "14주 전에 무릎 인대가 80% 파열됐다. 걷기도 힘들었다. 당연히 발차기는 어려웠다. 부상에서 회복해 본 경험이 많다. 내 몸은 내가 안다. 팀원들을 믿고 갔다. 역경을 딛고 여기까지 왔다. 사실 다리 하나로 멘데스를 잡았다."

정확성과 타이밍

기다리고 기다린 순간이 왔다. 5개월 뒤 맥그리거는 여포 '알도'를 만났다. 2015년 12월 12일 미국 라스베이거스 MGM그랜드가든아레나에서 열린 UFC 194 메인이벤트 통합 타이틀전이었다. 모두가 숨죽인 맞대결, 여기서 맥그리거는 역사를 새로 썼다. 13초 만에 알도를 쓰러뜨렸다. 알도가 기선 제압을 위해 주먹을 크게 휘두르고 들어왔는데, 맥그리거는 이를 놓치지 않고 뒤로 빠지면서 왼손 카운터펀치를 맞췄다. 너무나 정확한 타이밍에 나온 펀치에 알도는 앞으로 고꾸라졌다. 술이 식기 전에 끝냈다. UFC 최단 시간 피니시 기록은 2019년 7월 호르헤 마스비달이 벤 아스크렌을 플라잉니로 쓰러뜨려 세운 5초다. 맥그리거는 챔피언 벨트가 걸린 UFC 타이틀전에서 최단 시간 피니시 기록을 세웠다. 타이틀전 13초 승리는 앞으로 깨지기 힘든 UFC 대기록이다. 맥그리거가 6연승 중이었지만 그를 의심하는 사람들이 많았다. 쉬운 상대를 골라서 받았다는 평가에서 자유롭지 못했다. 그러나 맥그리거는 실력으로 가치를 증명하면서 옥타곤 위 관우가 됐다. "아직 술이 따뜻해서 좋군요."

관우는 이 한마디로 전국구 스타로 발돋움하는 드라마를 완성했다. 맥그리거는 알도를 울린 카운터펀치를 두고 이렇게 말해 미스틱 맥의 성장 드라마를 완성했다. "파워가 아니다. 정확성이다. 스피드가 아니다. 타이밍이다." 기자회견에선 "타이밍이 스피드를 이기고, 정확성이 파워를 이긴다(Timing beats speed, precision beats power)"라고 정리했다. 이 성장 드라마엔 쿠키 영상도 있었다. 맥그리거가 알도와 경기 직전 락커룸에서 몸을 풀고 있을 때, 알도를 잡은 '뒤로 빠지면서 휘두르는 왼손 카운터펀치'를 계속 연습하는 장면이 공개됐다. 13초 만의 KO는 결코 운이 아니었다.

승자가 모든 걸 가져간다. 패자는 엉엉 울었다. 지는 걸 모르고 10년 동안 정상에 있던 알도에게 이번 패배는 가혹했다. 알도는 현실을 부정했다. 운이 없었다고 믿었다. 맥그리거와 다시 붙으면 무조건 이긴다고 목소리를 높였다. 그와 다시 매치를 잡아달라 요청했다. 그러나 야속한 UFC는 알도의 목소리에 귀 기울이지 않았다. 반면 맥그리거에게는 라이트급 챔피언에게 바로 도전할 수 있는 기회를 줬다. 성이 난 알도는 UFC에 계약을 풀어 달라고 강하게 맞섰으나 이내 아무런 소용없는 일이라는 걸 깨달았다. 그는 2019년 체급을 낮춰 밴텀급으로 내려갔다. 가슴 아픈 또 다른 비화가 있다. 알도는 맥그리거를 이기면 브라질에 자신의 전기 영화를 개봉할 예정이었다. 불우한 환경에서 챔피언이 되는 과정을 그린 내용으로, 제목은 『세상보다 강한: 조제 알도 이야기(Stronger Than The World: The Story Of José Aldo)』이었다. 하지만 맥그리거에게 지는 바람에 영화 개봉은 연기됐다. 결국 이듬해 여름 브라질에서 개봉했으나 관심은 시들시들했고 곧 상영관에서 내려갔다.

역대 타이틀전 최단 피니시 기록			UFC
UFC194 페더급 코너 맥그리거 승 조제 알도 패		--------------------------------	13"
UFC184 밴텀급 론다 로우지 승 캣 진가노 패		--------------------------------	14"
UFC551 헤비급 안드레이 알롭스키 승 폴 부엔텔로 패		-------------------	15"
UFC175 밴텀급 론다 로우지 승 알렉시스 데이비스 패		-----------------	16"
UFC155 헤비급 프랭크 샴락 승 케빈 잭슨 패		------------------------	16"

UFC 체급과 타이틀전

UFC에는 남자 8체급과 여자 4체급으로, 총 12체급이 있다. 남자 체급에서 가장 가벼운 체급은 플라이급 (125파운드)이고 가장 무거운 체급은 헤비급(265파운드)이다. 여자는 스트로급(115파운드)부터 페더급(145파운드)까지 있다. 각 체급엔 챔피언이 정상을 지키고 있다. UFC에는 총 12명의 챔피언이 있는 셈이다. 모든 파이터들의 목표는 UFC 타이틀을 따내는 것이다. 명예와 부를 얻을 수 있기 때문에 챔피언과 붙기 위해 다들 혈안이 돼 있다. 바람만으로 챔피언과 싸울 수 있는 건 아니다. 연승을 기록해 랭킹을 끌어올려야 한다. UFC는 최근 전적을 반영해 매주 1위부터 15위까지 홈페이지(www.ufc.com/rankings)에 발표한다. 공식 랭킹 5위 안에는 들어야 타이틀 도전권을 요구할 수 있는 명분을 갖추게 된다. 지역 중견 단체에서 챔피언급으로 성장해야 UFC와 계약할 수 있다. UFC에서 활동한다는 것만으로 어느 정도 실력을 보장받는다. 여기서 랭킹 15위 안에 들어가는 일은 또 다른 일이다. '어나더 레벨'이다. 더 가시밭길이다. 따라서 챔피언은 박수받아 마땅하다. 점점 좁아지는 문을 통과해 피라미드 정점에 서기까지 오랜 기간 뼈를 깎는 고통을 견뎌야 하기 때문이다. 모든 체급에서 경쟁이 치열하지만, 개인적으로는 페더급과 라이트급 경쟁이 특히 뜨겁다고 생각한다. 정규분포를 생각해 보면 전 세계적으로 이 두 체급대에 가장 많은 인구가 있고, 여기서 파이터들이 나오는 것이므로 실력자들이 많다. UFC 랭킹제의 문제점은 랭킹을 올리기가 힘들기 때문에 한 번 올라가면 자신보다 낮은 하위 랭커와 싸우지 않으려고 한다는 것이다. 모두 위만 보고 있어서 매치 메이킹이 원활하지 않을 때가 있다. 그래서 매치 메이커 션 셜비와 믹 메이나드는 승자에겐 상위 랭커와 붙을 수 있는 권리를 안겨주고, 패자에겐 하위 랭커와 붙어 자리를 지킬 의무를 떠맡긴다. '스턴건' 김동현은 웰터급 랭킹 6위까지 오른 적이 있다. 현재는 '코리안 좀비' 정찬성과 '코리안 슈퍼보이' 최두호, '스팅' 최승우가 페더급에서 활동 중이다. 강경호는 밴텀급이다. 양동이가 미들급에서 싸운 바 있고, 지금은 '아이언 터틀' 박준용이 바통을 이어받았다. '더 쎄다' 정다운은 라이트헤비급 파이터다. 여성 파이터로는 플라이급 '불주먹' 김지연이 있다.

UFC 한국선수

❶ 플라이급 125파운드 | 56.7kg		
❷ 밴텀급 135파운드 | 61.2kg	강경호, 곽관호 손진수*계약만료	
❸ 페더급 145파운드 | 65.8kg	정찬성, 최두호, 최승우	
❹ 라이트급 155파운드 | 70.3kg	남의철 방태현 김동현B*계약만료	
❺ 웰터급 170파운드 | 77.1kg	김동현 임현규*계약만료	
❻ 미들급 185파운드 | 83.9kg	박준용, 양동이*계약만료	
❼ 라이트헤비급 205파운드 | 93.0kg	정다운	
❽ 헤비급 265파운드 | 120.2kg		

❶ 스트로급 115파운드 | 52.2kg	함서희 전찬미*계약만료	
❷ 플라이급 125파운드 | 56.7kg	김지연	
❸ 밴텀급 135파운드 | 61.2kg		
❹ 페더급 145파운드 | 65.8kg		

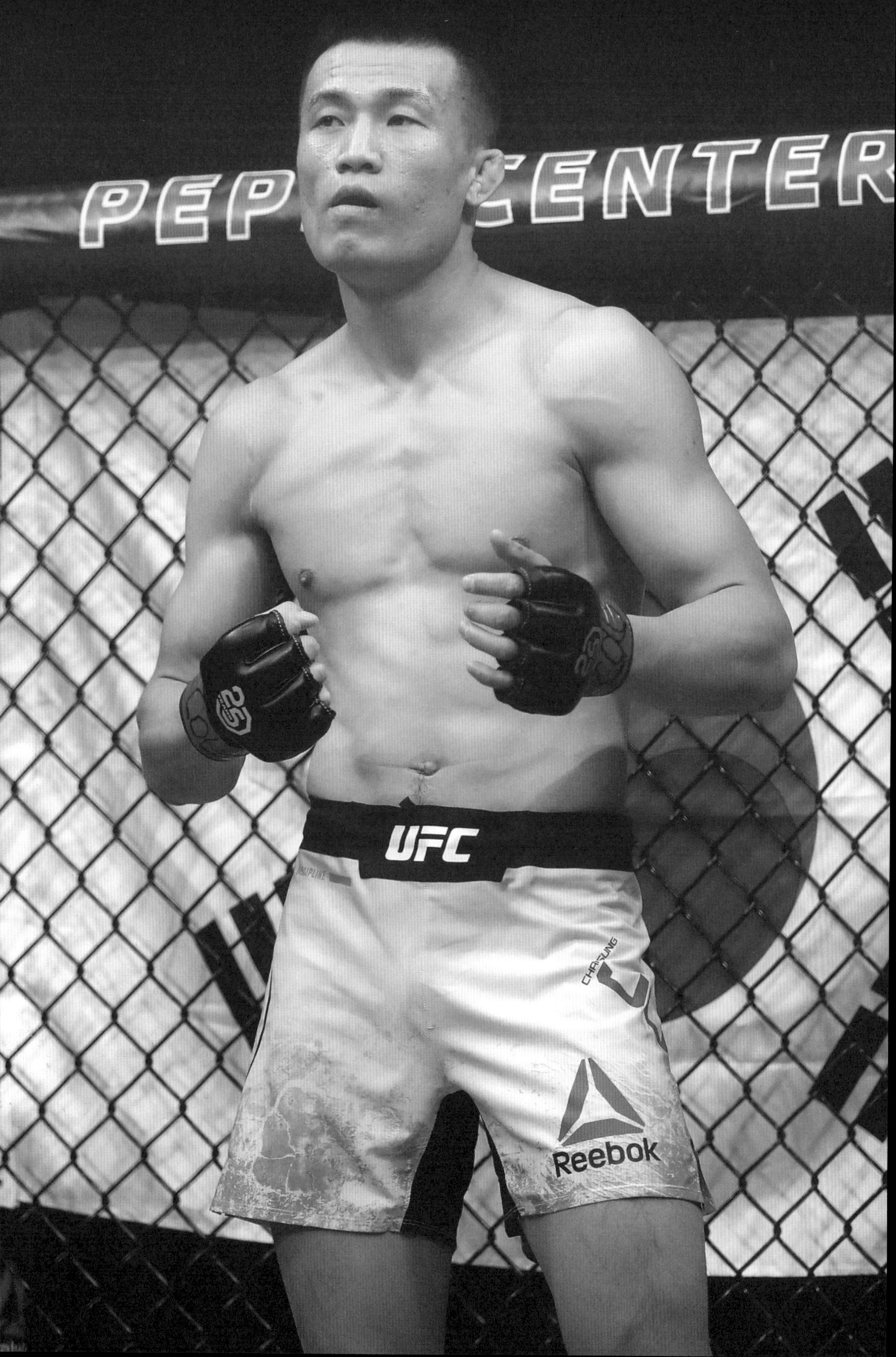

CENTER
UFC
Reebok

Champ
Champ

UFC에 두 체급 챔피언 타이틀을 동시에 가진 사나이는 없었다.

혜성같이 등장한 맥그리거는 거칠 것 없이 기세를 타고 있었다.

일단 그의 목표는 정해졌다.

*UFC 최초의 두 체급 동시 챔피언 챔프-챔프.

"

놀랐지! 놀랐지! 이놈들아 왕이 돌아왔다!

코너 맥그리거 네이트 디아즈와의 2차전 후에

서프라이즈 쇼
2016 UFC 첫 패배

"패러사이트(parasite)!"

2020년 2월 9일, 미국 로스앤젤레스 돌비시어터에서 열린 제92회 아카데미 시상식에서 탄성과 환호가 동시에 터져 나왔다. 봉준호 감독의 영화 『기생충』이 각본상, 국제영화상, 감독상에 이어 작품상의 영예까지 안아 4관왕에 올랐다. 영어가 아닌 언어로 제작된 영화가 작품상을 받은 건 아카데미 역사에서 처음 있는 일이었다.

봉준호 감독과 송강호 배우는 얼싸안고 기쁨을 나눴다. 봉준호 감독은 조감독 시절 단역 배우였던 송강호에게 강한 인상을

받았다고 한다. 막연하게 '나중에 같이 작품을 하고 싶다'는 생각을 품게 됐고, 『살인의 추억』 메가폰을 잡을 때 송강호에게 출연을 부탁해 본격적으로 인연을 쌓았다. 둘은 찰떡궁합이었다. 봉준호 감독은 『괴물』과 『설국열차』에도 송강호를 캐스팅했다. 송강호는 보답하듯 봉준호 감독이 상상한 것 이상의 무게감 있는 캐릭터를 창조했다. 그리고 이 환상의 짝꿍은 『기생충』에서 방점을 찍었다.

송강호는 봉준호의 페르소나(persona)다. 페르소나는 고대 그리스 가면극에서 배우들이 쓰는 가면을 의미했다.

사람(person)이나 성격(personality)이라는 단어의
어원이기도 하다. 심리학에선 타인에게 좋은 이미지를
남기기 위해 본성과 다른 탈을 쓴 자아라는 의미를 지닌다.
최근 영화 기사에서 영화감독과 함께 성장한 분신 같은
배우를 페르소나라고 가리킨다. 그런 페르소나는 UFC에도
있다. 바로 백 사장과 미스틱 맥이다.

백 사장의 페르소나

UFC를 총괄하고 진두지휘하는 데이나 화이트 대표는
2013년 배우로 치면 단역에 불과한 젊은 파이터
코너 맥그리거에게 끌렸다. 우선 피니시 능력에 눈길이 갔다.
타격이나 서브미션으로 경기를 끝낼 줄 아는 능력을
가리키는 피니시 능력은, 축구에서 말하는 공격수의 득점
본능과 비슷한 개념이다. 맥그리거는 UFC에 오기 전 12승을
11번의 KO승과 1번의 서브미션승으로 장식했다. 피니시
능력은 기술 훈련으로만 채울 수 없다. 타고난 기질이
중요하다. 이 아일랜드 청년은 끝내야 할 때 끝낼 줄 아는
선천적인 킬러였고 화이트는 그걸 알아봤다. 기대에
보답하듯 맥그리거는 UFC에 와서도 7승 중 6승을 KO로
따냈다. 결국엔 절대 강자 조제 알도를 13초 만에
쓰러뜨리는 깜짝쇼를 연출했다. 화이트의 눈은 봉준호
감독처럼 정확했다. 단역 맥그리거는 UFC 최고의 주연
배우로 올라섰다.

영화배우와 마찬가지로 파이터는 무대를 장악하는
카리스마가 필요하다. 카리스마를 갖추는 데는 경기력과
함께 선수 특유의 아우라도 한몫한다. 맥그리거는 넓은
어깨와 팽팽한 근육을 지녔고, 턱수염을 기른 강한 인상으로
팬들에게 어필했다. 기자회견 등 공식에는 최고급 수제
양복을 입고 나와 '여긴 내 구역'이라고 말하듯
거들먹거렸다. 진저리 나는 비호감은 아니었다. 밉상으로
찍힐 수 있는 선을 크게 넘지 않았다. 대중들에게
'맥그리거는 원래 저렇잖아'라는 인식을 자연스럽게 심었다.
예고한 대로 이뤄내는 미스틱 맥 이미지도 매력적이었다.
말도 조리 있게 잘했다. 게다가 자신감 넘치는
'직진남'이었다. 웬만하면 뒤로 빠지지 않았다. 알도의 갈비뼈
부상으로 채드 멘데스가 대신 들어왔을 때도 망설이지 않고
오케이 사인을 냈다. 화이트는 그런 맥그리거가 기특했다.
화이트가 맥그리거에게 "우리와 함께 갑시다"라며 손을 내민
결정적인 이유는 다른 파이터들에겐 없던 한 가지가

있어서였다. 맥그리거는 마케팅 능력이 뛰어났다. 무작정
"쇼 미 더 머니(돈을 달라)"라고 요구한 게 아니라 먼저 돈을
만들어 올 줄 아는 사람이었다.

UFC 성공 신화

화이트가 UFC를 키워 온 과정에서 맥그리거를 페르소나로

삼은 이유를 알 수 있다.

화이트는 아일랜드 이주민 혈통으로 1969년 미국 코네티컷 맨체스터에서 태어났다. 17세 때 복싱을 시작했고 아마추어 선수로 활동했다. 복싱과 에어로빅을 섞어 만든 다이어트 운동 '복서사이즈(Boxercise)'의 코치 생활도 했다. 척 리델과 티토 오티즈 등 유명 파이터의 매니저를 맡으면서 MMA 세계에 발을 들였고 여기서 UFC라는

대회를 알게 됐다. 당시 UFC는 세마포어 엔터테인먼트 그룹(Semaphore Entertainment Group)이라는 회사 소유였는데, 앞서 언급한 폭력성이 문제가 돼 좀처럼 크지 못하고 있었다. 밥 메이로비츠 대표는 UFC를 계륵이라 생각하고, 매각하려 했다. 그는 UFC를 통째로 사 갈 사람을 찾았다. 이때, 화이트는 메이로비츠와 180도 생각이 달랐다. MMA와 UFC의 성장 가능성을 높게 쳤다. 투자 가치가 충분하다고 평가했다. 여기서 빛난 게 화이트의 실행력이다. 화이트는 카지노 재벌인 친구 로렌조 퍼티타를 찾아가 UFC를 사자고 설득했다. 일이 되려고 했는지, 복싱팬으로 투기 스포츠를 좋아하던 로렌조 퍼티타는 친구 화이트의 감을 믿어보기로 했다. 형 프랭크 퍼티타와 함께 투자를 결정하고 주파(Zuffa)라는 회사를 세워 200만 달러에 UFC를 인수했다. 당연히 화이트에게 대표 자리를 맡겼다. 2001년 1월, UFC가 새롭게 출발했다.

지금이야 UFC가 얼마나 커졌는지 모두 알지만, 당시 화이트는 막막하기만 했다. 막싸움으로 치부되는 UFC를 띄우기가 여간 어려운 게 아니었다. 대부분 초보 경영자들처럼 활로를 찾으려고 소득 없이 동분서주했다. 2003년 세계 최대 MMA 단체였던 일본 프라이드에 UFC 대표 파이터 척 리델과 갠 맥키를 파견 보내기도 했다. 지금으로 따지면 일종의 '유튜브 합방'이다. 인기 많은 채널에 출연해 구독자를 끌어오려는 계획이었으나 리델과 맥키가 프라이드 파이터들에게 속절없이 지는 바람에 별 효과를 못 봤다. 그러다가 극적인 변화가 일어났다. MMA와 UFC에 냉담하던 미국팬들의 마음을 돌리는 데 성공하는 계기가 생겼다. 2005년 스파이크 TV에서 방영된 리얼리티 서바이벌 프로그램 『디 얼티밋 파이터(TUF)』 시즌 1을 통해서였다.

TUF는 16명의 참가자가 두 팀으로 나뉘어 훈련하면서 녹아웃 스테이지 방식으로 싸우는 생존 게임으로, 마지막까지 살아남은 두 참가자는 생중계되는 결승전(Finale)에서 UFC 계약서와 우승 상금을 두고 맞붙는다. 개성 있는 헝그리 파이터들이 벼랑 끝 외나무다리 승부를 펼치는 데다가 UFC 베테랑 두 명이 양팀 코치로 경쟁하니까 보는 맛이 났다. 무엇보다 스토리텔링이 맛깔났다. 경기 자체에만 집중하는 것이 아니라 파이터 개인의 스토리와 캐릭터까지 조명했다. 어떻게 파이터가 됐는지, 얼마나 사고뭉치였는지, MMA가 자신을 어떻게 변화시켰는지, 왜 우승해야 하는지를 인터뷰를 통해

진솔하게 소개했다. 스토리텔링의 재미와 감동은 시청자들의 공감을 이끌어냈다. MMA를 바라보는 색안경을 벗겼다. 파이터를 단순히 폭력적인 싸움꾼이 아니라 꿈을 향해 노력하는 운동선수로 바라보게 만들었다. 드디어 길고 길었던 터널의 끝이 보였다. TUF 시즌 1은 케이블 채널에서 이례적인 시청률 3%를 찍었다. 두 코치 랜디 커투어와 척 리델이 맞붙은 UFC 52는 UFC 51보다 두 배 뛴 PPV 28만 건을 팔았다. 화이트는 본격적으로 파이터의 스토리와 캐릭터를 알리는 데 공을 들였다. TUF를 매해 두 시즌 제작 방송했고 여기서 발굴된 파이터들을 간판으로 키웠다. 라샤드 에반스, 마이클 비스핑, 네이트 디아즈, 라이언 베이더, 토니 퍼거슨, 줄리아나 페냐, 카마루 우스만, 로버트 휘태커, 야이르 로드리게스 등이 TUF 우승자 출신이다.

TUF만큼 화이트에게 영향을 준 존재가 헤비급 파이터 브록 레스너다. 레스너는 대학교 레슬링 최강자였고 WWE

프로 레슬링에 진출해서도 챔피언에 오른 거물이다. 마니아들을 '코어팬', 대중적인 팬을 '캐주얼팬'이라고 부르는 데, 레스너는 캐주얼팬도 아우르는 슈퍼스타였다. 우리나라로 치면 K-1에 진출한 천하장사 최홍만 같았다. 화이트는 2008년 UFC에 데뷔한 슈퍼스타 레스너의 마케팅 파워를 실감했다. 레스너가 프랭크 미어와 재대결한 2009년 7월 11일 UFC 100은 PPV 판매 기록 160만 건을 달성했다. 맥그리거가 본격적으로 튀어나오기 전까지 가장 높은 수치다. UFC를 성공 궤도에 올려놓은 화이트는 더 큰 그림을 그렸다. 레스너 같은 대형 스타를 내부에서 육성하고 싶었다. 그런 스타가 되기 위한 조건은 크게 두 가지였다. 먼저, 카리스마 있는 실력 좋은 유망주여야 하고, 두 번째로 스토리와 캐릭터를 알려 팬들에게 가까이 다가서야 했다. 그때 레이다에서 포착된 재목이 론다 로우지, 그리고 코너 맥그리거였다.

맥그리거는 화이트가 UFC를 경영하면서 그리던 이상적인

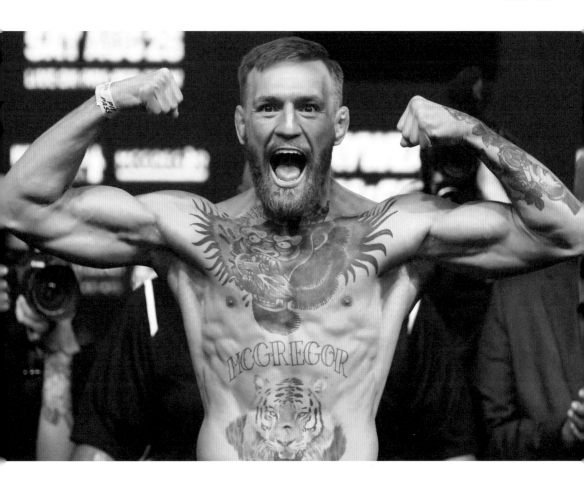

파이터의 조건을 두루 갖추고 있었다. 타고난 킬러였고, 카리스마 있는 캐릭터였으며 훌륭한 스토리텔러였다. 영업왕이기도 했다. 누가 나서지 않아도 혼자서 판을 깔고 사람들을 불러 모아 호주머니를 열게 했다. 그리고 옥타곤에서 결과로 실력을 증명해 나갔다. 1인 5역을 거뜬히 해냈다. 이쯤 되니 화이트도 맥그리거가 어디까지 올라갈지 궁금했다. 제대로 밀어주기로 했다. 알도를 꺾고 페더급 챔피언이 된 맥그리거에게 곧바로 라이트급 타이틀 도전권을 줬다. 2016년 3월 5일 UFC 196 메인이벤트 챔피언 하파엘 도스 안요스와 타이틀전을 공식 발표했다.

돌아이 vs 돌아이

엄청난 특혜였다. 이제까지 한 체급의 챔피언이 타이틀을 유지한 채로 다른 체급 챔피언에게 도전한 역사가 없었다. UFC에서 두 체급 챔피언에 오른 파이터는 랜디 커투어와 BJ 펜뿐이었다. 커투어는 헤비급과 라이트헤비급, 펜은 라이트급과 웰터급 챔피언을 지냈는데 동시에 두 체급 정상에 선 건 아니다. 그러니까 UFC 두 체급 챔피언 벨트를 한꺼번에 들고 있던 파이터는 전무했다는 말이다. 그런데 맥그리거에게 그 기회가 온 것이다.

맥그리거는 2012년 케이지 워리어스에서 페더급과 라이트급 두 체급 타이틀을 동시에 거머쥔 적이 있었다. 그러나 UFC는 전국 고등학교 전교 1등들이 모이는 서울대학교 같은 곳이다. 노는 물이 다르다. 제아무리 알도를 잡았다지만 라이트급 챔피언은 또 다른 높은 벽이었다. 브라질 출신으로 레슬링과 주짓수가 강했던 하파엘 도스 안요스는 당시 전적 25승 7패로 벤슨 헨더슨, 네이트 디아즈, 앤소니 페티스, 도널드 세로니를 이기고 승승장구하는 중이었다. 전 챔피언 페티스를 판정승으로 잡았을 땐 레슬링 압박 능력이 돋보였는데, 맥그리거가 도스 안요스의 그래플링을 어떻게 해결할지가 초미의

관심사였다. 채드 멘데스하고는 힘과 체격부터가 달랐다.
"너는 계획이 미리 다 있구나" 감탄하긴 일렀다. 다시
말하지만 MMA는 변수의 스포츠다. 일이 술술 잘 풀린다고
생각하는 찰나 날벼락이 떨어지는 일이 예사다. UFC 196을
11일 앞둔 2016년 2월 23일, 챔피언 도스 안요스가 왼쪽
발목 부상으로 경기를 포기했다. 라이트급 타이틀전은
물거품이 됐고 맥그리거의 두 체급 정상 도전도 연기됐다.
그렇다고 맥그리거의 출전까지 취소할 순 없었다.
맥그리거마저 빠지면 UFC 196은 풍비박산이 날
상황이었다. 쇼는 계속돼야 했다. 알도를 대신한 멘데스처럼,
도스 안요스를 대신할 누군가가 필요했다. 여기서 화이트와
매치 메이커들이 떠올린 이름이 있었으니,
바로 네이트 디아즈다.
네이트 디아즈는 닉 디아즈의 동생으로 1985년생이다.
키 183cm로 왼손잡이고 복싱과 주짓수가 특기다. 2004년
프로로 데뷔한 뒤 2007년 TUF 시즌 5에서 우승해 두각을
나타냈다. 하지만, 쭉 치고 올라가진 못했다. 한계가
명확했기 때문이다. 레슬링이 약한 게 치명적인 단점이어서
정상권과 거리가 있었다. 라이트급과 웰터급으로 오가며

전적 18승 10패를 기록 중이었다. 그렇다면 왜
디아즈였을까? 디아즈는 두 달 전 마이클 존슨을 판정으로
이기고 맥그리거와 싸우고 싶다는 의사를 밝힌 상태였다.
"맥그리거, 넌 내가 쌓아 놓은 모든 걸 가져갔어. 넌 진짜
싸움, 진짜 큰돈이 걸린 싸움이 뭔지 알 거야. 진짜와
대결하고 싶잖아. 그 상대가 바로 나"라고 외쳤다. 스토리를
엮기 쉬웠다. 둘째로 버거운 상대가 아니었다. 맥그리거보다
키는 컸지만 레슬링 압박이 없는 스타일이라 타격전만
펼친다면 맥그리거에게 유리하게 흘러갈 가능성이 컸다.
적어도 그때 매치 메이커들은 그렇게 봤다. 맥그리거가 잡을
만한 상대를 세워야 다시 도스 안요스와 타이틀전을 추진할
수 있었다. 다음 수를 본 선택이었다.
지금 돌이켜봐도, 디아즈는 경기를 코앞에 두고 선택할 수
있는 최적의 대체 카드였다고 생각한다. 무엇보다도
디아즈가 맥그리거와 같은 색깔의 남자라는 게 가장
중요하다. 맥그리거와 재밌는 그림을 합작할 수 있는
캐릭터였다. 맥그리거가 '쿵'하면 '짝'하고 받아줄 배포와
깜냥이 있었다. 예상대로 이들의 만남은 대회 이틀 전 기자
회견부터 뜨거웠다. 카메라 앞에서 마주 보고 포즈를 취하는

페이스오프 때, 맥그리거가 디아즈가 쭉 내민 주먹을
손바닥으로 찰싹 때려 신경전을 걸었다. 선제공격을 허용한
디아즈는 당하고만 있지 않았다. 가운데 서 있는 화이트를
밀치고 지금 붙어 보자는 식으로 달려들었다. 분위기가
험악해지고 일이 커질 뻔했다. 악명 높은 디아즈 패거리가
단상 위로 우르르 뛰어올라왔기 때문이다. 디아즈 형제와
제이크 실즈, 길버트 멜렌데즈 등은 어떤 무리와도 싸울
준비가 돼 있는 혈기왕성한 집단이었다. 2010년 4월 17일
스트라이크포스에서 저지른 '내슈빌 소동'이 유명하다.
댄 헨더슨을 판정으로 이긴 제이크 실즈가 인터뷰할 때,
제이슨 밀러가 갑자기 껴들어 실즈에게 "재대결 언제 할
거야?"라고 하자 디아즈 형제와 멜렌데즈가 밀러와 몸싸움
을 벌여 난장판이 된 사건이다. 2015년 8월 1일 WSOF에선
하빕 누르마고메도프가 이끄는 다게스탄 파이터들과 시비가
붙어 경기장 안팎에서 살벌한 패싸움을 벌인 적도 있다.
다행히 디아즈 패거리의 명성을 익히 알고 있던 UFC는
만약을 대비해 여러 안전요원을 배치해 놓고 있었다.
맥그리거와 디아즈 패거리를 떨어뜨려 놓고 진정시켰다.
맥그리거의 두 체급 타이틀 도전은 불발됐지만 또 하나의

돌아이 디아즈가 등장해 다른 색깔의 긴장감을
불러일으켰다. '땜빵' 단역인 것 같았는데, 디아즈는
UFC 196에서 당당한 조연이었다.

놀랐지? 난 그럴 줄 알았어!

UFC 7연승을 달리고 페더급 챔피언에 오른 맥그리거는
기세등등했다. 디아즈 정도는 지나가는 간이역 정도로
여겼다. 도스 안요스를 만나러 가기 전 새참거리였다.
어떻게 이겨서 팬들을 놀라게 할까만 머릿속에 그렸다.
디아즈가 감량 기간이 부족하니까 웰터급으로 붙자고
제안했을 때도 큰 고민 없이 수락했다. 자신이 주인공이니까,
패배 가능성은 머릿속에 없었다. 이 선택이 어떤 파장을
몰고 올지 전혀 알지 못했다.
UFC 196 메인이벤트, 맥그리거는 자신감을 갖고 펀치를
날렸다. 디아즈의 펀치 정도는 맞더라도 버틸 수 있다고
믿었는지 과감하게 거리를 좁히고 들어갔다. 힘을 잔뜩 실어
궤적이 큰 펀치를 마구 휘둘렀다. 1라운드 끝날 때 디아즈의
오른쪽 눈썹이 찢어져 피가 났다. 겉모습으로는 맥그리거가

압도하는 그림이었다. 그러나 큰 사고는 작은 균열에서 시작된다. 맥그리거의 체력이 문제였다. 안 그래도 체력이 좋다고 할 수 없는 맥그리거인데 무거워진 몸으로 공격량을 늘리니 바로 부하가 걸렸다. 디아즈와 달리 맥그리거는 웰터급 경기를 한 번도 뛰어 본 적이 없었다. 플라이급부터 라이트급까지는 체급 당 10파운드(약 4.5kg)씩 차이가 나지만, 라이트급과 웰터급은 15파운드(약 6.8kg)가 차이 난다. 3개월 전 페더급에서 싸운 맥그리거가 두 체급을 올리고 10kg을 찌워서 경기하는 셈이었다. 곧 몸에서 이상 신호가 왔다. 2라운드 맥그리거는 반응 속도가 느려졌다. 숨을 가쁘게 몰아쉬기 시작했다.

크립토나이트는 슈퍼맨의 힘을 떨어뜨리는 외계 광물이다. MMA에서 파이터 A에게 유독 강한 스타일의 파이터를 'A의 크립토나이트'라고 표현한다. 천적이라는 의미다. 많은 이들이 조연으로 치부한 디아즈는 준비 없이 웰터급 경기에 나선 맥그리거에게 영락없는 크립토나이트였다. 디아즈는 체력이 탈인간급이다. 어렸을 때부터 형 닉 디아즈와 달리기를 즐겼고 매일 반복 스파링을 소화해 와서 지구력이 엄청났다. 흐물흐물해진 것 같아도 금방금방 되살아나곤 했다. 오래가는 건전지였다. 맷집도 장난이 아니었다. 맞아도 맞아도 좀비처럼 살아났다. 괜히 디아즈 형제를 '좀비 복싱의 달인'이라고 부르는 게 아니었다.

2라운드 공기의 흐름이 바뀌었다. 그리고 일은 벌어졌다. 펀치 대미지에 어질어질한 맥그리거가 위기에서 벗어나려고 도망치듯 태클을 건 게 패착이었다. 주짓수 블랙벨트 디아즈는 그라운드가 침대처럼 편안했다. 기다렸다는 듯 맥그리거의 등 뒤로 돌아가더니 리어네이키드초크로 목을 잠갔다. 2라운드 4분 12초 맥그리거는 탭을 치고 말았다. UFC 첫 패배는 그렇게 허무했다. 압승을 장담했던 맥그리거는 어안이 벙벙했다. 믿을 수 없다는 표정으로 한숨을 쉬었다. 조연인 줄 알았던 디아즈. 사실은 반전극의 주연이었다. '카이제 소제' 디아즈는 조 로건과 인터뷰에서 자신을 먹잇감 정도로 생각하던 모든 이들에게 일침을 가하는 명대사를 남겼다. "난 놀라지 않았어. 이놈들아(I'm not surprised. Mothe————r)!" 해석하면 '바보 같은 너희들은 깜짝 놀랐겠지만 난 내 승리를 예상했다'는 얘기다. 도스 안요스의 부상, 디아즈의 대체 출전, 맥그리거의 자만이 버무려진 이변의 영화가 완성됐다. 반전도 이런 반전이 없었다.

맥그리거는 패배 후 기자회견에서 어디서부터인지 몰라도 뭔가 크게 잘못됐다는 걸 깨닫고 있었다. 다시 웰터급에서 싸운다는 말은 안 했다. 풀이 죽은 목소리로, 페더급으로 돌아가 방어전을 치르겠다고 밝혔다. 물론 라이트급 타이틀 도전 가능성은 열어 놓았다. "알도에게 재대결 기회를 안 주기도 어렵다. 10년 동안 무패였던 남자다. 하지만 경기를 빠진 횟수가 많다.

반면 프랭키 에드가는 계속 경쟁해 오고 있다. 분위기를 보고 팬들이 원하는 매치업을 찾겠다. 그리고 라이트급 타이틀전도 인내심을 갖고 기회가 올 때까지 기다리겠다" 라고 말했다.

맥그리거를 띄워 주겠다고 시작한 라이트급 타이틀전은 엉뚱한 방향으로 흘렀다. 디아즈가 스포트라이트를 빼앗아갔다. 그러나 지금까지는 시작에 불과했다. 또 다른 반전이 기다리고 있었다. 그리고 이 경기는 예상치 못한 갈등까지 낳았다. 마음이 통한다고 믿었던 화이트와 그의 페르소나 맥그리거의 관계에 묘한 기류가 흘렀다.

UFC

PPV : Pay Per View

UFC 는 크게 세 종류의 대회가 있다. ❶ PPV 넘버 대회 ❷ ESPN 또는 ABC 등 방송사 대회 ❸ 파이트 나이트 대회로 구분한다. PPV는 페이퍼뷰(Pay Per View)의 이니셜을 딴 표현이다. '볼 때마다 돈을 낸다'는 뜻이다. 시청자들의 지갑을 열어야 하니까 유명한 강자들을 대거 투입한다. 대미를 장식하는 경기 '메인이벤트'는 챔피언과 도전자가 맞붙는 타이틀전이나 코너 맥그리거나 호르헤 마스비달처럼 스타들이 출전하는 경기로 잡는다. PPV는 1950년대 미국에서 시작됐다. 케이블 회선을 통해 복싱 경기를 따로 팔았다. 1980년대 WWE 프로 레슬링에 이어 1990년대 UFC가 PPV 방식으로 돈을 벌었다. PPV 대회의 이름에 붙는 숫자는 몇 번째 PPV 대회인지를 가리킨다. 예를 들어 2022년 4월 9일 정찬성이 출전할 UFC 273은 273번째 PPV 대회라는 뜻이다. 1993년부터 2004년까지 UFC는 50번 PPV 대회를 열었는데, 안정화된 2005년부터 매달 한 번 꼴로 대회를 개최하고 있다. UFC에서 가장 높은 PPV 판매 기록을 세운 파이터는 단연 코너 맥그리거다. 톱 10 중 7번 자신의 이름을 올려놓았다. 그 다음이 브록 레스너, 호르헤 마스비달, 론다 로우지 순이다. 미국에서 PPV 한 대회를 보기 위해 내야 하는 돈은 74.99달러다. 연간 패키지는 99.98달러다. PPV는 우리나라에선 적용되지 않는다. 모든 대회를 중계사가 통으로 사서 TV 채널이나 OTT 스트리밍으로 방송하기 때문에 일정 금액을 내면 PPV 대회, ESPN 대회, 파이트 나이트 대회를 전부 볼 수 있다.

PPV

UFC 200

대회마다 따로 돈을 내야 볼 수 있는 대회. 가장 규모가 크다. 챔피언 또는 스타 파이터들이 메인이벤트를 장식한다.

- - - - - - - - - - - - - - - - - - - -

ESPN

UFC on ESPN 30

ESPN TV 채널에서 무료로 볼 수 있는 대회. PPV 대회보다는 작지만 채널 시청률을 올려야 하기 때문에 유명 파이터를 메인이벤트로 올린다.

- - - - - - - - - - - - - - - - - - - -

FIGHT NIGHT

UFC FIGHT NIGNT 200

스트리밍 서비스 ESPN+나 UFC파이트패스에서 볼 수 있는 대회.

왕이 돌아왔다
2016 디아즈 2차전

"젊을 때 은퇴하기로 마음먹었다. 그동안 고마웠다. 나중에 또 만나자." 2016년 4월
19일 코너 맥그리거가 트위터로 은퇴를 선언했다. 뜬금포였다. 진심인지 장난인지
헷갈렸다. 왜냐하면 맥그리거는 인생을 건 승부를 앞두고 있었기 때문이다. 3개월
뒤인 7월 9월 UFC 200에서 네이트 디아즈와 재대결하기로 돼 있었다.
맥그리거는 UFC 196에서 디아즈에게 지고 밤잠을 설쳤다. 경기 직후 웰터급에서
다시는 안 싸울 것처럼 해 놓고는, 마음이 바뀌었다. 불의의 사고로 생각하고 그냥
넘기기엔 자존심이 허락하지 않았다. 데이나 화이트에게 2차전을 요구했다. 충분한
적응 기간을 두고 준비해 웰터급으로 싸우면 이길 수 있다고 했다. 화이트는 크게
고민하지 않았다. 맥그리거와 디아즈가 얼마나 궁합이 잘 맞는지 똑똑히 봤으니까.
UFC 196 PPV 판매는 약 130만 건이었다. 당시까지 UFC 100에 이은 2위
기록이었다. 맥그리거가 조제 알도와 싸웠던 UFC 194보다 10만 건이 더 팔렸다.
디아즈도 마다할 이유가 없었다. 멕시코에서 휴가를 즐기고 있다가 출전 요청을
받고 열흘 준비해 맥그리거를 이기지 않나. 1차전에서 받은 파이트머니는 자신의
선수 생활 최고액인 50만 달러였다. 또 손쉽게 큰돈을 벌 수 있으니 '땡큐'인
상황이었다. 일사천리로 삼자가 합의했다. UFC는 3월 30일 둘의 웰터급 재대결을
공식 발표했다.
그런데 맥그리거가 갑자기 떠난다고 했다. 어찌 된 영문인지 알 수 없었다.
재미있는 건 화이트의 반응. 맥그리거가 은퇴를 선언한 다음날, 맥그리거와

디아즈의 2차전이 취소됐다고 공식 확정해 버렸다.
맥그리거의 깜짝 은퇴에 대해선 "난 모르겠다. 맥그리거가
알아서 할 일이다"라고 선을 그었다. 둘 사이 무슨 일이
있는 게 분명했다.

파이터의 의무

UFC 파이터는 옥타곤에서 싸운다. 평소에는 훈련으로
기술을 갈고닦아야 하고 경기를 앞두고선 감량으로 몸무게
를 맞춰야 한다. 여기서 끝이 아니다. 계약서에도 명시된
미디어 의무(media obligations)를 다해야 한다. 미디어

의무란 UFC가 정한 기자회견이나 인터뷰 또는 홍보 영상
촬영 등에 반드시 참석해야 하는 UFC 파이터의 의무를
말한다. 당연히 대회 전면에 나서는 메인이벤트 출전
파이터들은 스케줄이 더 많다. 스토리를 팔아야 하는 UFC
입장에선 당연한 선택이지만 파이터 입장에선 조금
번거로운 일이다.

UFC는 4월 미국 라스베이거스에서 기자회견을 계획했다.
UFC 200은 상징적인 대회였기 때문에 미리 분위기를
띄우려고 했다. 그런데 영업왕 맥그리거가 말을 듣지 않았다.
미디어 의무를 건너뛰려고 했다. 아이슬란드에서 훈련에
집중해야 하니까 기자회견에 참석하지 않겠다고 통보했다.

프로모션 행사에 참석하기 위해 라스베이거스로 날아와야
했지만 그러지 않았다. UFC 200에서 맥그리거를 뺀다.
디아즈의 새 상대를 찾겠다"라고 맞섰다.

호의와 권리

맥그리거는 화이트의 페르소나였다. 덕분에 특혜를 많이
받았다. UFC 역사에서 처음으로 두 체급 동시 챔피언에
오를 수 있는 기회를 얻었다. 디아즈 2차전이 발표될 때도
그랬다. 맥그리거는 페더급 타이틀을 방어해야 하는
챔피언의 의무는 신경도 안 썼다. 화이트가 디아즈와 경기에
집중하라고 도와줬기 때문이다. UFC 200에서 조제 알도와
프랭키 에드가를 붙이고 승자에게 페더급 잠정 챔피언
자격을 주기로 했다. 챔피언이 다친 것도 아니고 같은 날
다른 체급에서 버젓이 경기를 뛰는데 잠정 타이틀전을
추진하는 것은 특혜라는 표현 말고는 설명할 방법이 없었다.
하지만 '미디어 의무'는 달랐다. 화이트는 물러서지 않았다.
맥그리거가 기여한 바를 인정하면서도 호의가 권리로
바뀌면 안 된다고 봤다. 화이트는 수가 틀리면 끝까지 가는
스타일이다. 랜디 커투어와는 법정 싸움까지 가서 이긴 적이
있다. 커투어는 2007년 파이트머니 등 대우가 적절치
못하다며 UFC와 계약을 파기하겠다고 나섰다. 척 리델이
자신보다 많은 돈을 받는 걸 이해할 수 없다고 했다. 신생
단체 어플릭션(Affliction)으로 넘어가 표도르 예멜리아넨코와
싸우겠다고 발표했다. 화이트는 용납하지 않았다. 계약을
남겨 두고 다른 단체로 이적하는 선례를 남기면 파이터들을
통솔하는 데 구멍이 뚫린다고 판단해서다. 결국 재판에서
이겨 커투어를 어플릭션으로 보내지 않았다. 커투어는
2008년 옥타곤으로 돌아와 2011년까지 활동하다가
은퇴했다.

세계 나갔던 맥그리거도 화이트의 반응이 심상치 않다는 걸
본능적으로 느꼈다. 화이트가 "맥그리거는 분명히 해야
한다. 빨리 명확한 답을 내놓아라. 은퇴가 맞으면 그의
타이틀을 박탈하고 UFC 200에서 알도와 에드가의 경기를
정식 타이틀전으로 바꿀 것"이라고 압박하자 슬쩍 꼬리를
내렸다. 4월 24일 트위터로 다시 UFC 200에 출전하게
됐다고 썼다. "내가 UFC 200으로 돌아온 것을 발표하게 돼
기쁘다. 팬들을 위해 이러한 결정을 내린 화이트 대표와
퍼티타 회장에게 감사의 말을 전한다." 그런데 화이트는
어물쩍 넘어가려고 하지 않았다. "맥그리거가 왜 그런 글을

디아즈에게 복수심이 불타고 있던 상황. 충분히 이해는 됐다.
이번에도 지면 쌓아 놓은 공든 탑이 무너진다. 배수진을
쳐야 했다. 하지만 UFC는 수용하기 어려웠다. 맥그리거
때문에 일정이 망가졌다. 영원한 동반자일 것 같았던
화이트와 맥그리거가 줄다리기를 시작된 시점이다.
맥그리거는 '나 없이 돌아가나 보자'고 강수를 띄웠는데,
그게 바로 트위터 은퇴 선언이었다. 화이트는 이런 싸움에
경험이 많다. 맥그리거만 보면 흐뭇하게 웃던 그가 돌변했다.
이번엔 양보가 없었다. "파이터로서 맥그리거를 존중한다.
인간으로서도 좋아한다. 하지만 누구라도 공식 행사는
반드시 참석해야 한다. 맥그리거는 홍보 영상을 찍고

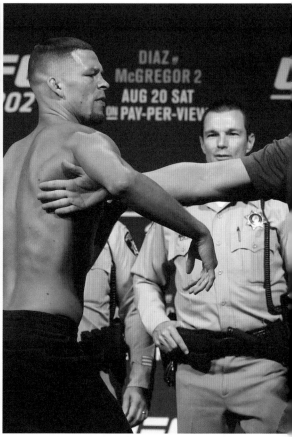

남겼는지 모르겠다. 아직 그와 대화조차 나누지 못한 상태"라면서 "수백 번 말한 것 같다. 맥그리거는 여러 번 큰 대회를 구했다. 그에게 어떠한 악감정도 없다. 자신만의 세계를 가진 독특한 친구일 뿐이다. 원하는 대로 행동한다. 하지만 UFC 200에는 출전하지 않는다"라고 딱 잘랐다.

과속방지턱

화이트는 수 싸움의 달인이다. 맥그리거를 궁지에 몰았지만 결국 그가 필요했다. 맥그리거의 기세를 누그러뜨려 놓은 뒤 달래기에 들어갔다. 5월 10일 한 라디오 인터뷰에서 관계 회복 중이라고 밝혔다. "맥그리거와 다음주에 저녁 식사를 할 것이다. 우리의 관계는 정말 좋다. 과속방지턱(Speed bump)에 살짝 걸렸을 뿐이다. 이제 다시 앞으로 간다. 모든 게 잘 돌아가고 있다"라고 말했다. 맥그리거도 사회생활에 능숙하다. 괜한 자존심을 세우지 않고 살짝 숙이고 들어갔다.

미국 로스앤젤레스 한 호텔에서 화이트를 만나 묵은 감정을 풀고 디아즈 2차전을 재논의했다. 결국 경기가 8월 20일 UFC 202 메인이벤트로 다시 잡혔다. 과속방지턱 때문에 살짝 속도를 줄여야만 했던 맥그리거는 뻥 뚫린 도로에서 액셀러레이터를 밟았다. 이젠 오로지 복수라는 단어만 떠올렸다. 우선 디아즈의 스타일을 철저히 해부했다. 복싱 스탠스로 서는 스타일이라 다리를 공격하는 로킥에 취약하다는 걸 파악했다. 매번 초반에 경기를 끝냈기 때문에 드러나 있지 않던 자신의 약점, 바로 체력을 보완하는 데 신경을 집중했다. 맥그리거는 늘 1라운드 KO승을 목표로 했다. 맥그리거 경기가 재밌는 이유였지만, 디아즈와 1차전에선 독이 됐다. 맷집이 강한 디아즈를 KO로 이기려고 서둘렀다가 낭패를 봤다. 이번엔 접근법이 달랐다. 5라운드 25분을 다 채울 수 있다고 보고 장기전을 준비했다. 존 카바나 코치는 "사이클 선수를 훈련 파트너로 불렀다. 사이클 선수 출신 의사도 함께했다. 둘은 몸에 대해

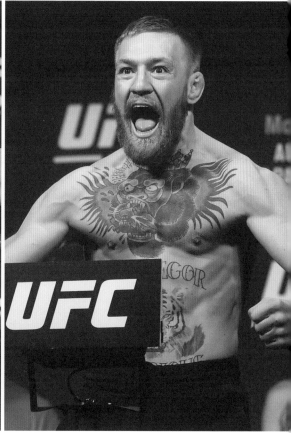

모르는 것이 없다. 사이클은 MMA에 비해 기술적인 종목은
아니다. 대신 엄청난 체력과 지구력이 요구된다.
17~18주 동안 그들과 땀흘려 맥그리거의 심장은 커다란
엔진으로 업그레이드했다. 고출력 자동차를 움직이는
800마력 엔진과 같다"라고 했다.

혈전

맥그리거가 '쿵'하면 디아즈는 '짝'한다. 둘은 전생에 쌍둥이
였던 것처럼 기질이 비슷했다. 1차전 기자회견처럼 2차전
기자회견도 볼만했다. 8월 17일 미국 라스베이거스 MGM
그랜드 호텔의 UFC 202 기자회견장. 가운데 한자리가 비어
있었다. '주인공은 나중에 나온다'는 원칙의 맥그리거가
기자회견이 시작한 지 15분 뒤에야 어슬렁어슬렁 모습을
드러냈다. 기자들의 밀려 있던 질문이 시작됐다.
맥그리거는 껌을 질겅질겅 씹으며 "경기가 어떻게 흘러가든

난 준비가 완벽히 돼 있다"라고 답했다. 이번엔 디아즈 차례.
멍군을 불렀다. 맥그리거가 마이크를 쥐고 있을 때 갑자기
자리에서 일어나 나가 버렸다. '네가 지각했지, 그럼 난
조퇴다.' 이런 식이었다.
또 시끄러워졌다. 디아즈는 형 닉 디아즈, 동료 제이크 실즈
등과 출구로 향하면서 맥그리거에게 가운뎃손가락을 들며
욕설을 퍼부었다. 맥그리거도 폭발해 "마약 중독자들아.
너희는 아무것도 할 수 없을 거야. 여기서 꺼져 버려"라고
소리쳤다. 가운뎃손가락 총질로 성에 안 찬 디아즈가
맥그리거를 향해 물병을 던지면서 난장판이 됐다.
맥그리거를 응원 온 관중들도 합세해 디아즈와 동료들을
향해 물병을 날렸다. 맥그리거는 캔 음료까지 집어 들었다.
때아닌 물통 던지기 전쟁에 화이트는 짜증을 내면서
기자회견을 바로 끝냈다. 제일 당황한 건 코메인이벤트
출전자 글로버 테세이라와 앤소니 존슨이었다. 둘은 "정말
끝난 거야?"라고 화이트 대표에게 묻고 황당한 표정으로

자리를 떴다.

5개월 만에 다시 만났다. 길다면 길고 짧다면 짧은 시간. 둘은 얼마나 달라져 있었을까. 맥그리거와 디아즈의 위치가 바뀌었다. 1차전 홍 코너였던 맥그리거가 2차전선 청 코너로 먼저 옥타곤에 올라왔다. 복싱 등 프로 스포츠에서 홍 코너는 챔피언, 상위 랭커, 상대 전적에서 앞선 파이터, 홈그라운드에서 싸우는 파이터가 차지한다. 오픈핑거글러브에 빨간색 테이프를 감아 표시한다. 대체로 청 코너가 언더독으로 평가받는 도전자 입장이다.

청 코너 맥그리거는 마음가짐도 도전자였다. 5개월 전처럼 여유 부리지 않았다. 자신의 크립토나이트 디아즈를 앞에 두고 기합이 바짝 들어가 있었다. 드디어 시작된 재대결, 맥그리거는 더 이상 불나방이 아니었다. 로킥을 최대한 활용해 탐색전을 펼쳤다. 1라운드 왼손 펀치로 디아즈를 쓰러뜨렸지만 서두르지 않고 침착했다. 이 정도로 디아즈가 정신을 잃지 않는다는 걸 알았다. KO승 욕심은 접어 두고 좀비 디아즈를 서서히 잠식하려고 했다. 체력 안배도 눈에 띄었다. 1차전은 강공으로 질주하다가 지쳐서 무너졌다면, 2차전은 강약을 조절해 연비를 아꼈다. 둘은 늘 쿵짝을

맞춘다. 이번엔 디아즈가 멍군을 부를 차례였다. 흔히 작전대로 기술적인 경기를 펼치는 걸 '경기한다'고 표현하고, 난타전을 염두에 두고 달려들어 공격을 퍼붓는 걸 '싸운다'고 표현한다. 디아즈는 지금은 경기할 때가 아니라 싸울 때라는 걸 알았다. 좀비처럼 걸어가 진흙탕 싸움을 펼쳤다. 살을 주고 뼈를 취하자는 생각이었다. 3라운드 맥그리거를 펜스로 몰아넣고 펀치 연타를 퍼부었다. 일진일퇴였다.

'명승부(名勝負)'의 사전적 의미는 "경기나 경쟁 등에서 이기고 지는 것이 멋지게 이루어지는 일"이다. A가 B에게 어려운 문제를 낸다. B는 힘겹게 이 문제를 푼다. 그리고 다시 A에게 어려운 문제를 낸다. A도 해결책을 찾고 다시 문제를 낸다. 모든 스포츠 경기에서 이 과정이 반복되면 보는 이의 마음을 흔드는 명승부가 된다. 이제까지 맥그리거는 명장면 연출 전문가였다. 초장부터 상대에게 도무지 풀지 못할 문제를 던져 주는 스타일이었다. 그렇게 강렬한 KO로 승리를 이어 왔다. 그런데 디아즈는 달랐다. '너도 이전 상대들과 같을 거야' 얕잡아 봤는데, 첫 문제를 풀더니 또 다른 문제로 응수해 왔다. 1차전 맥그리거는 거기서 크게 당황했고 디아즈의 수수께끼에서 빠져나오지

못했다.

맥그리거는 명장면 욕심을 버렸다. 2차전에서 맥그리거가
갖고 나온 건 디아즈 맞춤 전략 그리고 어떠한 난제도 풀어
보겠다는 의지였다. 파이터가 되고 처음 맞이하는
4라운드에서 맥그리거는 복부를 공격하는 보디블로로 섞어
유효타 횟수를 늘렸고 다시 분위기를 빼앗아 왔다. 5라운드
디아즈의 테이크다운을 방어하고 클린치 레슬링에서 밀리지
않았다. 5라운드 종료 버저가 울리자 맥그리거와 디아즈는
서로를 인정하면서 악수했다. 관중석에서 박수가 쏟아졌다.
맥그리거 인생 명승부였다. 결과는 맥그리거의 2대 0
판정승. 맥그리거는 프로 24번째 경기에서 처음
5라운드까지 가는 접전을 펼친 뒤, 준비해 뒀던 한마디를
외쳤다. "놀랐지, 놀랐지? 이놈아. 왕이 돌아왔다(Surprise
Surprise Mothe———rs. The king is back)!"

인생 명승부

UFC는 매 대회 4명의 파이터에게 보너스를 선사한다. KO나
서브미션으로 이겨 명장면을 연출한 승자 2명, 그리고

명승부를 합작한 승자와 패자에게 5만 달러씩 안긴다.
명장면 보너스를 '퍼포먼스 오브 더 나이트'라고, 명승부
보너스를 '파이트 오브 더 나이트'라고 부른다. 맥그리거는
디아즈와 붙기 전까지 UFC 7경기에서 '퍼포먼스 오브 더
나이트'를 6번 받았다. 디아즈와 펼친 1, 2차전에선 모두 '
파이트 오브 더 나이트'의 주인공이 됐다.

개인적으로 디아즈 2차전을 맥그리거 인생 경기로 꼽는다.
첫 번째 이유는 체력과 기술 준비를 그 어느 때보다 잘했다.
초반에 화력을 쏟아붓는 원래 스타일을 내려놓고 변화를
줬다. 강훈련으로 25분을 싸울 수 있는 연료통을 마련했다.
두 번째 이유는 심리적 압박감을 이겨냈다. 같은 선수에게
두 번 진다는 건 큰 의미를 가진다. 아무리 노력해도 넘을 수
없는 한 사람이 존재한다는 뜻이니까. 다니엘 코미어는
존 존스에게 2연패 후 서럽게 울었다. 뛰어넘을 수 없는 벽이
있다는 걸 깨달았기 때문이었다. 외려 맥그리거는 자신을
몰아세웠다. 배수진을 쳤다. 1차전과 같은 조건인
웰터급에서 싸우기로 하고 도망갈 구석을 만들지 않았다.
심리적 압박을 악바리 근성으로 돌파했다. 경기 중 여러
난관을 뛰어넘어 판정승을 일궈 냈다는 게 가장 큰

SURPRISE SURPRISE MOTHERS THE KING IS BACK!

수확이었다. UFC에 들어오는 여러 파이터가 피니시 능력을 갖고 있다. 즉 명장면을 만들 수 있는 파이터들은 여기저기 많다. 하지만 톱클래스 선수를 상대로 5라운드를 운영해서 판정승할 수 있는 능력은 아무나 갖출 수 있는 게 아니다. 맥그리거는 그 반열에 올랐다.

맥그리거와 디아즈는 하늘이 준 인연이다. 만나면 으르렁거리지만 영혼의 단짝이다. 디아즈는 앞만 보고 질주하던 맥그리거에게 속도를 줄이고 정비할 시간을 준 은인이다. 맥그리거 인생의 과속방지턱이라고 할까. 몸과 마음을 가다듬은 맥그리거는 이후 더 속도를 내 아무도 가지 못한 곳까지 이른다. 디아즈를 만나게 해 준 하파엘 도스 안요스에게도 감사해야 할 정도다. 디아즈도 맥그리거 덕분에 인생이 바뀌었다. '빨간 팬티의 밤(Red Panty Night)'을 경험했다.

맥그리거에게 UFC 첫 패배를 안겨준 파이터로 이름값이 크게 올랐다. 파이트머니도 대폭 점프했다. UFC 202에서 맥그리거는 파이트머니 300만 달러를 받았고, 디아즈는 200만 달러를 챙겼다. 챔피언급이 50만 달러 내외를 받는 것과 비교하면 어마어마한 금액이다. 그래서일까? 둘은 아직도 3차전 가능성을 언급한다.

흥행보증수표

맥그리거가 디아즈 2차전을 준비하는 동안 페더급과 라이트급 타이틀 전선에 변화가 생겼다. 도스 안요스는 에디 알바레즈에게 1라운드 TKO로 지고 챔피언 벨트를 넘겨줬다. 페더급에선 알도가 다시 올라왔다. 에드가를 판정으로 꺾고 잠정 챔피언이 됐다. 맥그리거의 다음 상대가 알바레즈와 알도, 두 명으로 압축됐다.

과속방지턱을 넘은 화이트와 맥그리거의 관계는 빠르게 회복됐다. 화이트는 UFC 202가 165만 건으로 PPV 판매 기록을 갈아치우자 웃음꽃이 피었다. 맥그리거가 흥행보증수표라는 걸 재확인했다. 이젠 맥그리거를 누구와 붙여야 할지 그리며 머릿속으로 주판을 튕기기 시작했다. UFC 206을 마치고 기자회견에서 "알도는 잠정 챔피언이다. 맥그리거가 페더급으로 간다면 만나야 할 상대다. 라이트급으로 가도 흥미로운 매치업이 나온다. 맥그리거와 알바레즈의 경기도 설득력이 있다"라고 말했다. 어쩌면 이때 이미 맥그리거의 다음 상대를 점찍었을지 모른다.

빨간 팬티의 밤

"놀랐지, 놀랐지? 이놈들아. 왕이 돌아왔다!(Surprise Surprise Mothe---
-rs. The king is back)"는 맥그리거 명대사 중 하나다. 1차전에서 디아
즈가 외친 "난 놀라지 않았어. 이놈들아(I'm not surprised, Mothe------
rs)!"의 대구였다. 앞서 소개한 "우리는 여기 참가하려고 있는 게 아니
다. 여길 점령하려고 왔다(We are not here to take part. We are here to take
over)"는 젊은 아일랜드 파이터들에게 큰 영감을 줬다. 2021년 11월
아일랜드 출신 신예 이안 개리가 UFC 데뷔전을 승리로 이끈 뒤 같
은 말을 남겨 화제가 됐다. 맥그리거가 창조한 '빨간 팬티의 밤(red
panty night)'이라는 말도 유명하다. 2015년 9월 기자회견에서 도스 안
요스에게 "난 널 부자로 만들어 줄 수 있다. 너의 평범한 인생을 바
꿀 수 있지. 네가 나와 싸운다면 그건 축하해야 할 일이다. 나와 붙
는다는 계약서에 사인하고 집으로 전화를 하겠지. 네 아내에게 '여
보, 우리가 해냈어. 우린 이제 부자야. 맥그리거가 우리를 부자로 만
들어 줄 거야. 빨간 팬티를 꺼내'라고 말할 거야"라고 한 데서 유래했
다. 외국 신조어 사전엔 '특별한 일을 축하해야 하는 밤'이라는 뜻이
달려 있다. 국내 팬들이 가장 좋아하는 말은 '후다뿍'이다. '빨간 팬티
의 밤'이 탄생한 기자회견에는 제레미 스티븐스도 있었다. 스티븐스
가 "내가 널 이길 수 있다"고 맥그리거에게 도전했는데, 맥그리거는
거기다 대고 길게 말을 섞지 않았다. "저 친구는 도대체 누구냐(Who
the fu-- is that guy)?"라고 무시하며 조롱했다. 스티븐스는 선수들, 기
자들, 관중들에게 웃음거리가 됐다. 우리나라에서도 그를 '후다뿍'으
로 부르기 시작했다.

챔프 챔프

2016 라이트급 타이틀전

코너 맥그리거는 고릴라와 호랑이를 한 마리씩 품고 있다. 죽을 때까지 함께할 생각이다. 2013년 4월 UFC에 데뷔할 때까지만
해도 깨끗했다. 뒷목에 그린 날개 달린 십자가와 척추 라인을 타고 가는 가시 문양이 유일한 상체 문신이었다. 옥타곤 연승을
쌓으면서 훈장처럼 하나씩 늘렸다. 2014년 7월 디에고 브랜다오 경기를 앞두고 가슴에 고릴라를 커다랗게 그렸다. 고릴라는
소속팀 스트레이트블래스트짐(SBG)의 상징이다. 이 고릴라는 왕관을 쓰고 심장을 먹는 포악한 느낌인데, UFC 최강자 자리에
오르겠다는 포부를 상징했다. 맥그리거는 호랑이도 좋아했다. 2015년 1월 데니스 시버를 이기고 페더급 타이틀 도전자가

됐을 때 배에 눈빛이 매서운 호랑이를 새겼다. 2015년 4월 새 문신 사진을 SNS에 올리고 "당신이 호랑이를 봤을 땐 이미 늦었다. 먹잇감이 돼 있을 것"이라고 썼다. 파이터들은 문신으로 철학, 사상. 종교적 신념 등을 표현한다. 의지도 형상화한다. 맥그리거는 옷을 벗을 때와 마찬가지로 입을 때도 신경을 많이 쓴다. 공식적인 자리에선 라인이 살아 있는 고급 수제 양복을 갖춰 입곤 한다. 손목시계는 늘 고가의 스위스 제품이다. 가끔은 색다른 패션으로 사람들을 놀라게 할 때가 있다. 2016년 1월 기자회견에서 알록달록 화려한 무늬의 청록색 실크 셔츠를 걸쳤다. 마약왕 '엘 차포' 호아킨 구스만을 따라 한 것이라고 했다.

두 달 뒤 만날 예정이었던 하파엘 도스 안요스와 사진을
찍을 땐 엘 차포 포즈를 그대로 흉내 냈다. 해설위원
조 로건은 "맥그리거는 엘 차포와 같은 포즈를 취하고
아무에게도 의미를 설명하지 않았다. 그가 무엇을 하고
있는지 유심히 살펴야 한다"라며 웃었다. 2016년 11월 10일
UFC 205를 이틀 앞둔 기자회견. 이번엔 빨간색 폴라티에
하얀색 밍크코트로 눈길을 끌었다. 사람들은 옷이 얼마인지
궁금해했다. 패션 전문가들은 코트가 1,500만원 이상인
구찌 제품이라고 설명했다. 상대 에디 알바레즈는 숨은
의도를 파악하지 못한 채 손가락질했다. 맥그리거가 "현금
주고 샀다"라고 자랑하자, 알바레즈는 "그러면 가격표나
떼지 그래. 그거 훔친 거 아니야?"라고 놀렸다.

뉴욕 뉴욕

맥그리거는 계산적이다. 행동 하나하나에 이유가 있다. 단지
고급스러워 보이려고 세팅한 스타일은 아니었다. 알고 보니
조 프레이저 오마주였다. 프레이저는 1944년 미국
필라델피아에서 태어나 1964년 도쿄올림픽 금메달을 따고
1965년부터 1981년까지 37전 32승 1무 4패 전적을 쌓은
레전드 복서다. 강펀치의 소유자로 WBA WBC 헤비급
챔피언을 지냈다. 무하마드 알리와 운명의 라이벌이었는데
3차전까지 치러 상대 전적 1승 2패를 기록했다. 빨간색
폴라티와 하얀색 밍크코트는 프레이저가 1974년 1월
알리와 2차전을 펼치기 전 인터뷰 자리에 입고 나온
스타일이었다.

맥그리거는 왜 그날의 프레이저를 따라 했을까? 대회가
펼쳐지는 장소에 비밀이 숨어 있었다. 당시 프레이저가
알리와 2차전을 치른 장소가 바로 뉴욕 매디슨스퀘어가든
이다. 매디슨스퀘어가든은 미국 프로 스포츠의 메카다.
상징적인 경기장이다. NBA 뉴욕 닉스, NHL 뉴욕 레인저스가
홈구장으로 쓰고 있고 프로 복싱과 프로 레슬링 빅 이벤트가
개최된다. 맥그리거도 곧 매디슨스퀘어가든에서 싸울
예정이었다. 그냥 경기도 아니고 UFC 두 체급 동시 챔피언에
오를 수 있는 라이트급 타이틀전이었다. 그러니까 11월
12일 UFC 205 메인이벤트 출전에 의미를 부여하는 노림수
패션이었던 것이다.

매디슨스퀘어가든 입성은 맥그리거에게만 특별한 의미가
아니었다. UFC의 역사적인 이정표였다. UFC는 뉴욕
매디슨스퀘어가든에서 대회를 개최하려고 오랫동안 공을

들였으나 계속 막혔다. 뉴욕 주(州)가 1997년부터 MMA
프로 대회 개최를 법적으로 금지하고 있었기 때문이다. 미국
51개 주 가운데 뉴욕 주만 유일하게 MMA 프로 대회를 막은
배경에는 정치적 이유가 있었다. 뉴욕 의회는 번번이 MMA
대회 개최 허가 법을 통과시키지 않았다. 미국
라스베이거스에 기반을 둔 이익 단체 요식업노동자조합과
UFC 소유주 퍼티타 형제의 갈등 관계가 주원인이었다.
퍼티타 형제가 소유한 라스베이거스 스테이션 카지노가
요식업노동자조합에 가입하지 않자, 이 조합이 다양한
경로로 뉴욕 의회에 로비를 해 개최 허가를 방해하고 있는

것으로 알려졌다. 화이트는 2013년 인터뷰에서 "스테이션 카지노를 가입시키면 매년 1,000만 달러의 수입이 조합에 돌아간다. 요식업노동자조합은 그것을 얻기 위해 더러운 방법을 쓰고 있다"라고 주장했다. 분위기는 오랫동안 뉴욕 의회의 대변인으로 활동한 셸던 실버가 2015년 사임하면서 바뀌었다. 실버는 MMA 대회 허가를 반대하던 대표적인 인물이다.

2016년 드디어 법안이 통과됐다. UFC는 매디슨스퀘어가든을 대관하고 챔피언 알바레즈와 챔피언 맥그리거의 슈퍼파이트를 메인이벤트로 결정했다.

두 파이터에게도, UFC에도 의미가 컸다. 그리고 미국 모든 주에서 프로 스포츠로 인정받았다는 점에서 MMA 역사에도 획기적인 대사건이었다. UFC는 2016년을 시작으로 매해 11월 UFC PPV 대회를 매디슨스퀘어가든에서 연다.

언더그라운드 킹

'영혼의 파트너' 네이트 디아즈와 두 차례 댄스파티를 벌인 맥그리거는 결국 원하는 걸 얻었다. 8개월 전과 달라진 것이 있다면 라이트급 벨트의 주인이었다. 알바레즈가

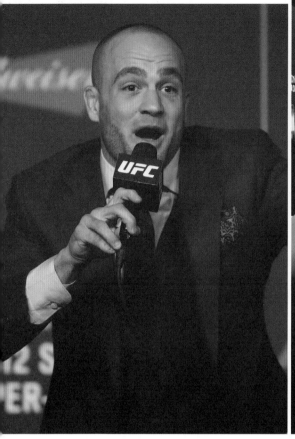

2016년 7월 도스 안요스를 꺾고 새 챔피언에 올랐다. 알바레즈는 2003년 프로에 데뷔하고 일본 드림, 미국 벨라토르에서 싸우다가 2014년 9월 UFC로 넘어온 베테랑이다. 전적 28승 4패로 경험이 많았다. 벨라토르 라이트급 챔피언이라는 업적도 빛났다. UFC 밖 라이트급 중 최강자라는 평가를 받았고 그래서 별명도 '언더그라운드 킹'이었다. 10대 때 복싱과 레슬링을 같이 수련해 밸런스가 좋았다. 맥그리거와 타격으로 붙다가 레슬링 싸움으로 전환할 수 있다는 게 강점이었다. 6번의 판정승 중 2번은 5라운드 25분을 꽉 채우고 거둔 값진 승리였다. 중장기전에 능해 맥그리거의 문제를 풀고 맥그리거에게 문제를 낼 수 있는 능력이 있었다.

알바레즈는 MMA 역사를 공부할 때 반드시 기억해야 할 인물이다. UFC나 벨라토르 등 단체들은 파이터와 계약서를 쓸 때 '매칭 권리(Matching rights)'를 명기한다. 한 파이터가 A 단체와 계약이 만료돼 재계약 협상을 진행하고 있다고

가정하자. A 단체가 제시한 조건이 마음에 들지 않으면, 계약서에 사인하지 않고 타 단체들의 영입 조건을 알아볼 수 있다. 이 과정을 '시장을 시험한다(test the market)'고 표현한다. 여기서 B 단체가 A 단체보다 좋은 조건을 내밀면, 파이터는 B 단체 조건을 A 단체로 들고 가 맞춰 줄 수 있는지 문의한다. A 단체가 그만큼을 지불할 수 없다고 하면 B 단체로 이적하면 된다. 그런데 A 단체가 조건을 맞춰 주겠다고 나오면 이 파이터는 무조건 A 단체와 재계약해야 한다. A 단체가 매칭 권리를 행사한 것이다.

벨라토르 소속이었던 알바레즈는 2013년 UFC가 제시한 조건을 들고 벨라토르로 가서 재계약 여부를 타진했다. 당시 벨라토르 대표 비욘 레브니는 UFC 조건에 맞춰 주겠다고 하면서 알바레즈를 잡으려고 했다. 여기서 삐걱거렸다. 알바레즈는 벨라토르의 조건이 UFC 조건과 일치하지 않다고 봤다. UFC는 PPV 러닝개런티를 조건에 넣었지만 벨라토르는 PPV 대회를 열지 않고 있었기 때문에 다른

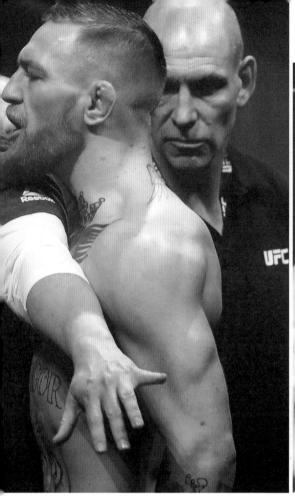

조건으로 대체할 수밖에 없었는데, 알바레즈가 보기엔 UFC 조건이 훨씬 유리하고 매력적이었다. 해지를 요구하는 알바레즈와 재계약을 고집하는 벨라토르는 결국 법정 싸움까지 갔다. 양측의 협의 끝에 알바레즈는 2013년 11월 마이클 챈들러와 타이틀전까지 펼친 뒤 계약을 끝냈고, 2014년 UFC로 이적했다. MMA 역사에서 '매칭 권리'로 불거진 갈등의 대표적인 사례다.

알바레즈는 이번에도 역사적인 인물이 되고 싶었다. 화이트가 밀어주는 떠버리를 잡고 질서를 되찾겠다고 목소리를 높였다. "산타클로스는 존재하지 않는다. 모두가 실망할 것이다. 맥그리거를 지워 버릴 거니까. 마술은 사라진다. 현실에서 깨어날 것이다", "나는 현실이고 그는 허상이다. MMA 판이 바뀌고 있다. 경쟁보다 수입이 우선이다. '누가 진정한 최강자인가'보다 '누가 최강자처럼 보이는가'가 중요하게 됐다. 맥그리거는 나와 싸우지 않을 것이다. 사람들에게 최강처럼 보이고 싶다면, 진짜

최강자에게 덤비면 안 된다"라고 말했다. 디아즈와 2차전도 시시했다고 평했다. "처음 7분은 꽤 볼 만했다. 그런데 경기가 너저분해졌다. 절대 챔피언의 경기력이 아니었다. 훈련에 30만 달러를 쏟아부었다는데, 5달러면 충분하지 않았을까. 맥그리거는 고작 1, 2라운드를 기술적으로 풀어 갈 수 있다. 내가 그의 움직임 하나하나를 봉쇄할 것이다"라고 자신했다.

현실과 허상

무엇이 현실이고 무엇이 허상인가. 알바레즈는 절망했다. 결과를 믿기 어려웠다. 2016년 11월 12일 매디슨스퀘어가든 UFC 205 메인이벤트. 브루스 버퍼 링아나운서가 "앤드 스틸(And still)"이 아닌 "앤드 더 뉴(And the new)"를 외쳤다. 새로운 라이트급 챔피언의 탄생이었다. 한쪽으로 크게 기울었다. 언더그라운드 킹이 고릴라처럼

크고 호랑이처럼 매서운 타격가에게 잡아먹혔다.
알바레즈가 경기 전 했던 발언은 허상처럼 사라졌다.
맥그리거가 현실이었다.

맥그리거는 거리 싸움을 지배했다. 알바레즈의 태클을
간단히 방어했다. 알바레즈가 펀치를 휘두르며 접근하면
어김없이 왼손 카운터펀치를 얼굴에 맞혔다. 1라운드 왼손
펀치 두 방으로 알바레즈를 쓰러뜨렸다. 알바레즈가 정신을
차리고 얼른 일어났지만 여기서부터 이미 승부의 추가
기울었다. 두 차례 벌러덩 넘어간 알바레즈는 급히 태클을
섞었다. 그러나 맥그리거의 중심이 좋아 넘어뜨리지 못했다.
알바레즈의 얼굴에서 당황한 기색이 역력했다. 2라운드
결정적인 펀치가 나왔다. 맥그리거는 알바레즈가 들어오자
펀치 4연타를 얼굴에 팍팍팍팍 꽂았다. 맥그리거는 충격으로
쓰러진 알바레즈에게 차분하게 파운딩 결정타를 꽂아
승패를 결정지었다. 2라운드 3분 4초 만에 TKO로 이겼다.
영화 『해바라기』 오태식처럼 미스터 맥이 돌아왔다.

UFC 205에 나서기 전 "날 상대로 조금이라도 승산이
있으려면 나보다 체격이 크고 키도 키고 체중도 더 나가야
한다. 같은 키, 같은 체중, 같은 리치로 맞붙으면 상대는
끝난다. 도저히 당해 낼 수 없을 것"이라고 한
그 말대로였다. 8개월 전 맥그리거가 아니었다. 디아즈와
펼친 두 번의 대결에서 급성장했다. 자신보다 크고 무거운
디아즈를 오랫동안 준비하다 보니 알바레즈는 상대적으로
작게 느껴졌다. 레슬링도 가뿐하게 방어할 수 있었다. "UFC
205에서 난 불멸의 존재가 될 것이다. 두 번째 벨트를
차지하고 높이 들어 올리겠다. 누구도 하지 못한 일이다.
인생에 영원히 남을 업적이 될 것"이라는 말까지도 똑
들어맞았다.

맥그리거는 라이트급 챔피언 벨트를 어깨에 걸치고
환호했다. 하지만 페더급 벨트를 갖고 나오지 못한 것이
아쉬웠다. 조 로건과 옥타곤 인터뷰에서 "내 벨트 하나는
어디 있는 거야?" 가져와 달라고 채근했다. 자꾸 보채니
화이트는 벨트 하나를 급히 가져와 맥그리거에게 전했다.
그제야 맥그리거는 양쪽 어깨에 벨트를 하나씩 두르고
만족스러운 듯 웃었다. 훗날 알려진 재밌는 사실은,
그 벨트는 웰터급 챔피언 타이론 우들리의 것이었다.
관계자들이 급하게 찾기에 우들리가 선심 쓰듯 빌려줬다고
한다. UFC 최초 두 체급 동시 챔피언에 오른 맥그리거도,
첫 뉴욕 대회를 성공적으로 치른 화이트도 활짝 웃었다. UFC
PPV 130만 건이나 팔았다. 공식 집계로 관중 2만427명이

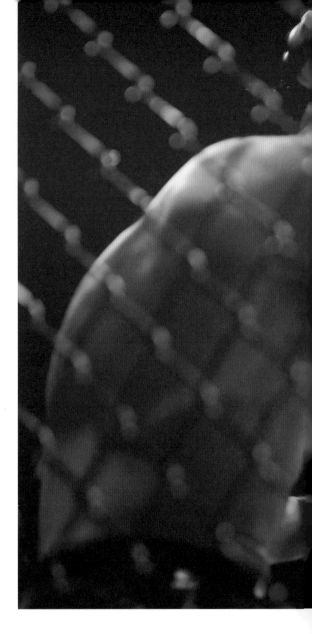

매디슨스퀘어가든에 들어왔고, 입장료 수입으로 1,770만
달러를 벌었다. UFC 사상 최고 입장료 수입액이었다.
2011년 4월 UFC 129의 1,200만 달러, 2016년 7월 UFC
200의 1,070만 달러를 훌쩍 뛰어넘었다. 홈런 타자
맥그리거의 위력을 재확인했다.

귀인과 천적

맥그리거나 화이트는 행복했지만, 페더급과 라이트급
랭커들은 그렇지 않았다. 에드가를 꺾고 잠정 챔피언이 된

알도는 맥그리거가 받는 계속된 특혜 때문에 짜증이 났다. 계약을 파기해 달라고 요구했다. 라이트급에선 차기 도전자가 유력한 하빕 누르마고메도프가 볼멘소리를 냈다. 가장 큰 문제는 맥그리거의 태도였다. 화이트는 맥그리거가 활동할 한 체급을 선택해 넘버원 컨텐더 알도 또는 하빕과 붙이겠다고 했지만, 맥그리거는 그럴 마음이 없어 보였다. 대놓고 배째라로 나왔다. "로스터에 등록돼 있는 모든 선수를 비웃었던 적이 있다. 마음속 깊은 곳에서 진심으로 말하고 싶다. 사과할 시간을 갖고 싶다…"라고 시작했지만 곧 "사실 아무에게도 안 미안해. 두 체급 챔피언은 앞으로

하고 싶은 대로 할 것이다"라고 선언했다.

미스틱 맥이다. 말하는 대로 실현하고, 하고 싶은 대로 한다. 맥그리거는 결과적으로 2년 동안 옥타곤에서 싸우지 않는다. 챔피언이 없는 페더급과 라이트급은 한동안 마비된다. 여기저기서 원성을 샀다. 하지만 앞으로의 이야기가 더 재밌다. 맥그리거의 이야기는 새로운 챕터를 맞이하고 있었다. 기대하지 않은 귀인이 짠하고 나타났다. 동시에 평생의 천적이 될 한 남자는 힘을 키우고 있었다.

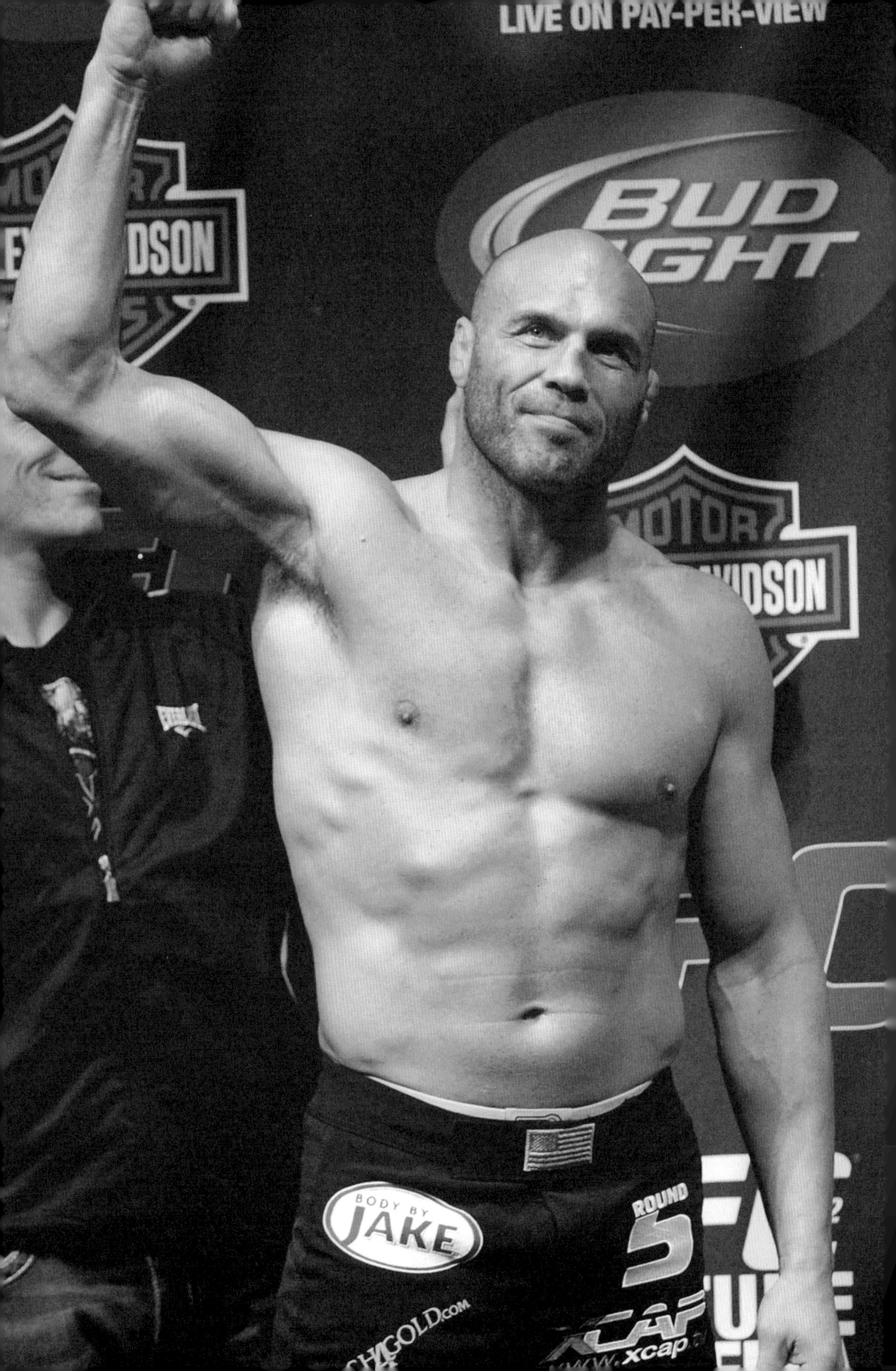
LIVE ON PAY-PER-VIEW
BODY BY
JAKE
ROUND

UFC
챔프-챔프의 역사

UFC 최초의 두 체급 챔피언은 랜디 커투어다. 1997년 헤비급, 2003년 라이트헤비급 챔피언 벨트를 들어올렸다. 2호는 2004년 웰터급 정상에 섰다가 2008년 라이트급 챔피언에 오른 BJ 펜. 두 명 모두 동시에 두 체급 최강자로 선 것은 아니었다. 코너 맥그리거가 최초의 UFC 두 체급 동시 챔피언(챔프-챔프)으로 역사를 썼다. 뒤이어 웰터급 챔피언 자리에서 은퇴했다가 돌아온 조르주 생피에르가 마이클 비스핑을 이기고 미들급 챔피언이 됐다. 맥그리거가 포문을 열고 나니 여러 파이터들에게 기회가 돌아갔다. 맥그리거 이후 3년 동안 3명의 챔프-챔프가 나왔다. 다니엘 코미어, 아만다 누네스, 헨리 세후도가 영예를 안았다. 누네스는 유일한 여성 챔피언이다. 남녀 통틀어 두 체급을 오가며 타이틀을 방어한 최초의 챔프-챔프기도 하다. 챔피언이 다른 체급 챔피언에 도전하려면 UFC의 특혜가 필수다. 다른 체급 타이틀전을 준비하다 보면, 원래 체급 타이틀을 방어하지 못하는 기간이 길어지기 때문이다. UFC가 이를 배려해 주지 않으면 챔프-챔프는 불가능하다. 기회를 받은 파이터들은 UFC와 관계가 매우 원만하다. 어떤 이유에서든 데이나 화이트에게 찍히면 챔프-챔프 도전 자체가 어려운 게 사실이다. 그렇다면 세 체급 챔피언이 나올 수 있을까? 불가능한 건 아니다. 헨리 세후도는 자주 페더급 타이틀 도전 의지를 내비친다. 맥그리거도 "웰터급 챔피언에게 도전하고 싶다"라고 입버릇처럼 말한다. 여성 플라이급 발렌티나 셰브첸코가 조금 무리하면 밴텀급과 페더급에 도전 가능하다. 하지만 이는 어렵다고 봐야 한다. 체중을 단기간에 크게 찌우거나 크게 빼야 하는데 물리적으로 어렵다. 게다가 두 체급 타이틀 전선을 마비시키고 기회를 줘야 하는 화이트 입장에서도 허락하기 쉽지 않다.

Randy Couture
랜디 커투어
1997 헤비급 vs 모리스 스미스
2003 라이트헤비급 vs 티토 오티즈

BJ Penn
BJ 펜
2004 웰터급 vs 맷 휴즈
2008 라이트급 vs 조 스티븐슨

Conor Mcgregor
코너 맥그리거
2015 페더급 vs 조제 알도 [UFC]
2016 라이트급 vs 에디 알바레즈 [UFC]

Georges St Pierre
조르주 생피에르
2006 웰터급 vs 맷 휴즈
2017 미들급 vs 마이클 비스핑

Daniel Cormier
다니엘 코미어
2015 라이트헤비급 vs 앤소니 존슨 [UFC]
2018 헤비급 vs 스티페 미오치치 [UFC]

Amanda Nunes
아만다 누네스
2016 여성 밴텀급 vs 미샤 테이트 [UFC]
2018 여성 페더급 vs 크리스 사이보그 [UFC]

Henry Cejudo
헨리 세후도
2018 플라이급 vs 드미트리우스 존슨 [UFC]
2019 밴텀급 vs 말론 모라에스 [UFC]

Villain

맥그리거는 UFC보다 더 큰판을 찾아 나선다.

그리고 본인과 비슷한 유형의 하지만, 더 큰 떠버리인 메이웨더와 판을 키운다.

49전 49승 복싱 전설에게 일대일 과외를 받은 맥그리거의 몸값은 하늘 높은 줄 모르고 치솟았다.

하지만, 그런 맥그리거를 기다리는 또 다른 파이터들이 있었다.

"""

맥그리거에게 겸손을 가르치겠다.
이것저것 교육할 것이다.
깔려 있는 맥그리거와 계속 대화를 나누면서 파운딩으로 엄벌하겠다.
실컷 즐길 것이다.
그와 대결이 너무 기다려진다

하빕 누르마고메도프 코너 맥그리거와의 대결을 앞두고

01

떠버리 vs 떠버리
2017 크로스오버

"플로이드 메이웨더를 내 눈 앞에 데려다 놓는다고? 내가 메이웨더와 붙으면
30초 안에 끝낼 수 있어. 보아뱀처럼 칭칭 감아서 숨통을 조이는 데 30초도
걸리지 않을 거야."
UFC 페더급 타이틀전을 앞둔 2015년 4월, 코너 맥그리거는 복서 메이웨더가
UFC로 온다면 처참한 꼴을 당할 것이라고 장담했다. 이견이 있겠지만 MMA라면
충분히 가능한 일이다. 맥그리거가 스트라이커이긴 해도 오랫동안 레슬링과
그라운드 기술을 익힌 MMA 파이터다. 스트라이킹은 물론 그래플링이 허용되는
옥타곤에서 굳이 메이웨더와 정면 승부할 이유는 없지 않은가. 태클을 막을 줄
모르는 메이웨더를 바닥으로 끌고 가서 목을 조이면 끝난다. 물론 더 오래 걸릴 순
있겠다. 랜디 커투어는 2010년 8월 UFC 118에서 IBF 챔피언 출신 제임스
토니에게 탭을 받는 데 3분 19초를 썼다.
당시 메이웨더는 '세기의 대결' 주인공이었다. 5월 2일 미국 라스베이거스
MGM그랜드가든아레나에서 실현될 매니 파퀴아오와 복싱 경기를 준비 중이었다.
전 세계 언론이 47전 47승 무패 메이웨더에게 집중한 시기였다. 한 기자가 상상
속 매치를 질문한 건데 맥그리거가 과장을 조금 보태 대답한 것이었다. 재미삼아
던진 질문과 재미삼아 받아친 답변이었다. 사람들은 그냥 피식하고 넘어갔다.
그때는 그랬다.

루머의 루머의 루머

메이웨더는 천재 복서다. 프로 복서 출신인 아버지 플로이드 메이웨더 시니어, 삼촌 로저 메이웨더와 제프 메이웨더에게 조기 교육을 받으며 성장했다. 1996년 애틀랜타올림픽 동메달을 따고 프로로 전향했다. 2014년까지 47승 무패를 달렸고 슈퍼페더급, 라이트급, 라이트웰터급, 웰터급, 라이트미들급까지 다섯 체급을 석권했다. 뛰어난 동체시력과 반사신경으로 정타를 잘 허용하지 않았고 어깨를 활용한 방어 숄더롤로 펀치를 튕겨 냈다. 상대가 빈틈을 보이면 총알같이 '탕'하고 얼굴에 주먹을 꽂았다. 현시점 최고의 복서로 칭송받는 사울 카넬로 알바레즈에게 첫 패배를 안겨준 사람도 바로 메이웨더다.

타고난 재능에 만족하지 않고 노력에 노력을 더한 성실한 스포츠맨이지만 사람들의 관심을 끌기 위해선 악역도 마다하지 않았다. 현금 다발을 들고 다니다가 틈만 나면 돈 자랑을 해서 입상으로 찍혔다. 2008년 WWE 프로 레슬링 무대에 올라 거인 빅쇼의 코를 박살냈다. 어찌 보면 요즘 말로 '관종'이었다. 그런데 이 모든 것이 자신의 경기를 PPV로 팔기 위한 전략이었다. 그는 링 안팎으로 치밀한 여우였다. 혹자는 맥그리거가 벤치마킹한 대상이 바로 메이웨더였다고 평한다. 메이웨더는 여덟 체급 챔피언 매니 파퀴아오까지 3대 0 만장일치 판정으로 꺾어 범접할 수 없는 반열에 올랐다. 4개월 뒤인 2015년 9월에는 안드레 베르토로 판정으로 잡았다. 49전 49승 무패 전적을 끝으로 더 이상 이룰 것이 없다며 은퇴를 선언했다.

얼마 지나지 않아 그 메이웨더가 다시 꿈틀댔다. 돈 냄새를 마구 풍기는 먹잇감을 찾았기 때문이다. '저 친구라면 그림이 나오겠는데' 싶었다. 2015년 12월 조제 알도를 13초 만에 눕히고 세계적인 스타로 발돋움한 맥그리거에게 군침을 흘렸다. 2016년 3월 맥그리거가 "메이웨더와 복싱 경기도 좋다. 협상할 용의가 있다. 다만 당신이 내게 와라. 내가 이 게임의 열쇠를 쥐고 있다"라고 하자, 두 달 뒤 메이웨더는 "맥그리거는 강한 인상을 남겼다. 우리의 대결은 루머일 뿐이지만 미래엔 루머가 아닐 수 있다. 행운을 빌어 줘라. 복서와 파이터의 대결이 성사될지 모르니"라며 받아쳤다. 1년 전엔 피식하고 말았던 떠버리들의 대결 가능성, 2016년엔 부싯돌이 부딪혀 불꽃을 튀기고 있었다.

그런데 둘의 직접적인 교감을 못마땅하게 바라본 이가 있었으니, 그 이름은 데이나 화이트. 2016년 5월 어떤 일이 있었는지 기억하는가? 한 달 전 맥그리거는 화이트에게 대들었다. 디아즈와 2차전을 확정해 두고 집중 훈련 때문에 미디어 의무를 지킬 수 없다며 기자회견에 참석하지 않은, 바로 그때쯤이다. 화이트가 강공으로 나가 겨우 맥그리거를 길들인 상태에서 메이웨더가 흔드는 걸 잠자코 볼 수 없었다. 화이트는 한 인터뷰에서 메이웨더에게 "맥그리거는 UFC와 계약돼 있다. 맥그리거를 원한다면 내게 전화하라"라는 메시지를 띄웠다. 화이트가 이런 반응을 보인 또 다른 이유는 돈이다. UFC는 소속 파이터들의 UFC 외 활동에 제한을 건다. 파이터들은 다른 MMA 대회 출전은 꿈도 못 꾼다. 부상이 염려되는 입식격투기 경기도 마찬가지다. 그나마 그래플링 경기는 사전 허락을 받고 뛸 수 있다. 그런데 화이트 입장에서 엄청난 돈이 몰리는 복싱은 고려해 볼 가치가 있었다. 더군다나 상대는 판을 키우기로 정평이 나 있는 메이웨더 아닌가. 맥그리거를 품고 메이웨더와 직접 협상을 해야 UFC가 가져가는 몫이 커지는 건 당연했다.

때가 왔다

맥그리거는 일단 복수에 집중했다. 2016년 8월 UFC 202에서 디아즈와 2차전을 승리했다. 그다음은 두 체급 동시 챔피언을 향했다. 11월 UFC 205에서 에디 알바레즈를 쓰러뜨리고 벨트 두 개를 양쪽 어깨에 올렸다. 6개월 전과는 비교도 안 되는 큰 거물이 됐다. 동급은 아니더라도 메이웨더에게 비벼 볼 수 있는 위치로 올라왔다. 화이트는 맥그리거의 두 타이틀 중 페더급 챔피언 벨트를 반납하게 하고 다음 챕터를 준비했다. 때가 왔다고 보고 진지하게 메이웨더와 복싱 경기 협상에 들어갔다.

메이웨더는 자신이 갑이라고 했다. "난 복싱 경기에서 1억 달러 수입을 보장받았다. 우리가 갑이다. 맥그리거가 경기당 얼마를 받았는지 잘 모르겠다. MMA 한 경기에 1,000만 달러도 못 받지 않나? 우리는 1,500만 달러까지 줄 수 있다. PPV 수입 분배도 의논할 수 있다. 800~900만 달러도 못 받는 친구가 2,000~3,000만 달러를 요구한다는 게 말이 된다고 생각하는가?" 화이트도 밀리지 않았다. UFC가 경기를 주최하는 조건을 걸었다. "우리 UFC가 진짜 오퍼를 줄 위치다. 너에게 2,500만 달러, 맥그리거에게 2,500만 달러를 주고 PPV 수입 분배에 대해 협상하자. 이 복싱 경기를 메인이벤트로 하고 또 다른 타이틀전을 코메인이벤트로 매치업할 것"이라고 했다. 팽팽했다.

하지만 이 협상은 출발부터 힘 차이가 난 게 사실이다.
메이웨더 말대로 그가 '갑'이었다. 복싱과 MMA는 여전히
시장 규모에서 차이가 크게 난다. 게다가 메이웨더는 복싱
역사를 통틀어서 가장 위대한 복서 중 하나로 꼽힌다.
맥그리거가 나오기 훨씬 전부터 이름값을 키워온
슈퍼스타다. 화이트는 5월 "내 기준에선 도저히 납득할 수
없는 일이다. 그러나 맥그리거가 이 정도 큰돈을 만지는 걸
막을 수도 없는 노릇"이라며 한발 물러섰다. 6월 14일
드디어 상상만 해 오던 둘의 복싱 경기가 성사됐다.
메이웨더가 소유한 '더 머니 팀(TMT)'이 주최 프로모션이
됐고 8월 26일 미국 라스베이거스 티모바일아레나에서
154파운드 계약 체중으로 붙기로 했다. 양측이
파이트머니를 공개하지 않기로 해 정확히 얼마를 받는지는
발표된 적 없지만, 메이웨더는 최소 1억 달러 그리고
맥그리거는 3,000만 달러를 보장받은 것으로 알려졌다.

이종격투기 異種格鬪技

일본에서 '충왕전'이라는 실험이 있었다. 곤충의 왕을 가리는
이벤트였다. 장수말벌과 사마귀, 전갈과 지네 등 힘 꽤나
쓰는 곤충들을 투명 아크릴 상자에 넣고 일대일로 붙였다.
장수풍뎅이와 사슴벌레는 예상대로 강했고, 타란툴라의 독과
전갈의 집게는 위협적이었다. 당랑권의 주인공 사마귀는
거품이 있다는 게 충왕전 마니아들의 평가다. '리옥크'라는
동남아시아의 귀뚜라미가 뜬금없는 복병으로 등장하기도
했다. 서로 다른 종이 맞붙는 '이종격투기'는 사람들의
호기심을 자극한다. 다른 세계에서 살던 존재의 대결,
상상만으로도 짜릿하지 않은가. 영화 속에서는 에일리언과
프레데터를, 제이슨과 프레디를 붙이기도 했다.
대표적인 이종격투기는 1976년 6월 26일 일본 도쿄
부도칸에서 펼쳐졌다. 무하마드 알리와 안토니오 이노키가
링에서 싸웠다. 알리는 당시 53전 51승 2패 전적으로 WBC
WBA 헤비급 챔피언에 올라 있던 스타 복서, 이노키는
재일교포 역도산의 제자로 칼 고치에게 캐치 레슬링을
배운 일본 대표 프로 레슬러였다. 둘 다 서로의 영역에
들어가지 않으려는 소극적인 운영으로 경기는 승승했지만
유명 복서와 프로 레슬러가 같은 링에 선다는 사실만으로
전 세계의 폭발적인 관심을 얻었다.
그런데 충왕전이나 알리와 이노키의 대결 등 앞서 소개한
이종들의 만남은 중립적인 장소와 룰에서 진행됐다. 한쪽이

절대적으로 유리한 환경에서 맞붙은 게 아니었다.
맥그리거와 메이웨더의 대결과 결정적인 차이가 났다.
둘은 메이웨더의 세상인 복싱 링에서 주먹을 섞는
것이었으니까. 물론 스포츠에 100%는 없다. 승리할 확률이
떨어지는 언더독이 이변을 만드는 장면을 허다하게 봐 왔다.
하지만 이번 싸움은 얘기가 달랐다. 족구 선수들이 조기
축구 선수들과 축구로 붙는 것도 아니라, 족구 선수들이
브라질 축구 국가대표와 붙는 정도의 경기력 차이였다.
당시 우리나라 레전드 복서 장정구와 유명우에게
맥그리거가 이변을 일으킬 확률에 대해 물어본 적이 있다.
전 WBC 라이트플라이급 챔피언 장정구는 "맥그리거요?
메이웨더를? 한 대도 못 때립니다. 월드클래스 프로
복서한테도 두 대를 안 맞는 게 메이웨더인데…"라며
웃었다. "전성기 시절 당신이 메이웨더와 싸웠다면?"이라는
질문에 WBA 라이트플라이급 챔피언 유명우는 "글쎄요.
전성기 때의 제가 한다고 해도 답이 잘 보이지 않는 상대가
메이웨더에요"라며 난감해했다.

개인기

두 명의 개인기가 만드는 시너지가 어마어마했다.
시작부터 한쪽으로 크게 기운 이 대결을 메이웨더와
맥그리거는 순전히 자기 PR 능력으로 뻥튀기했다.
7월 11일 미국 로스앤젤레스 스테이플스센터 → 7월 12일
캐나다 토론토 버드와이저스테이지 → 7월 13일 미국
브루클린 바클레이스센터 → 7월 14일 영국
웸블리SSE아레나에서 공개 기자회견을 열고 '세기의 설전'
을 펼친 것이 신의 한수였다. 맥그리거는 "내 움직임,
내 파워, 내 맹렬한 공격. 메이웨더는 그걸 경험해 본 적이
없다. 4라운드 안에 메이웨더를 KO시키겠다"라며
큰소리쳤다. 띠동갑 형인 메이웨더는 "신은 실수하지
않는다. 신은 완벽한 한 가지를 창조했다. 그것은 바로 내
전적"이라며 자신만만해했다. "20년 전 나와 같지 않다.
10년 전 나, 5년 전 나, 2년 전 나와 같지 않다. 하지만
맥그리거는 충분히 이길 능력이 된다"라면서 "미스터
탭아웃(맥그리거)은 쉽게 포기한다는 걸 모두 안다"라고
공격했다. 디아즈는 맥그리거와 기질이 비슷해 의도치 않게
재밌는 상황이 나왔다면, 메이웨더는 철저하게 계산된
연출로 맥그리거와 그림을 만들어 갔다.

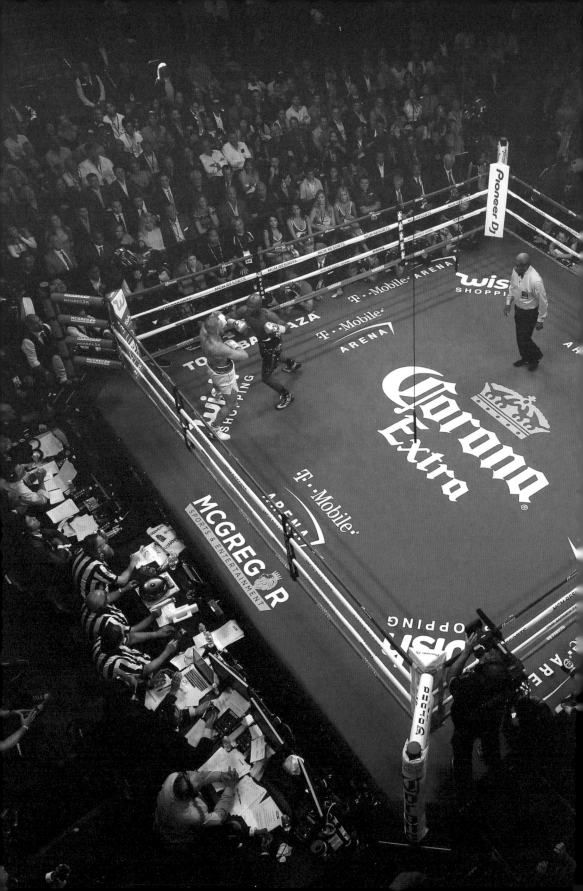

세계만 나가서는 팔리지 않는다. 10만 원으로 책정된 고액의 PPV를 많이 팔려면 팬들의 상상력을 자극해야 했다.

메이웨더는 있는 힘껏 당기다가 슬쩍 밀었다. 인터뷰에서 "맥그리거에게 기회가 있다. 두 전사들이 링으로 들어가 싸울 땐 어떤 일이 일어날지 모르는 법이다. 우리는 불과 2주 전에 보지 않았나. 18살에 복싱을 시작한 고등학교 선생님이 역사상 가장 위대한 복서 가운데 한 명을 이기는 장면을 목격했다. 격투기 스포츠에선 어떤 일이든 일어날 수 있다" 라고 여지를 남겼다. 당시 파퀴아오가 WBO 웰터급 타이틀 방어전에서 도전자 제프 혼에게 판정패한 일을 예시로 든 것이다. 메이웨더는 팬들을 쥐락펴락했다.

밑당의 고수는 선심 쓰듯 글러브의 무게도 줄였다. 10온스 글러브가 아닌 8온스 글러브를 끼기로 했다. 복싱 규정상 147파운드(웰터급) 이하 체급 경기에서만 8온스를 쓸 수 있지만 메이웨더는 이를 과감하게 무시했다.

MMA 오픈핑거글러브는 4온스다. 상대를 보호하는 게 아니라 내 주먹을 보호하기 위한 두께라고 봐야 한다. 펀치의 파워가 더 직접적으로 전해진다. 글러브가 작으면 작을수록 이변의 확률이 올라가고 맥그리거에게 조금 유리해진다. 일방적인 경기가 될 것이라고 예상하는 사람들에게 기대감을 안기기 위한 양보였다. 상술이라는 의견도 나왔다. 희망 고문이라는 말도 있었다. 10온스가 됐건, 8온스가 됐건, 4온스가 됐건 정타를 맞혀야 충격을 받는데 복싱에선 메이웨더가 정타를 더 많이 맞힐 것임이 분명했다.

돈 잔치에 끼어든 WBC도 후방 지원했다. 특별한 챔피언 벨트를 제작했다. 승자에게 수많은 보석이 박힌 일명 '머니 벨트(Money Belt)'를 준다고 발표했다. 벨트가 걸린 경기에 무게감이 더 실리는 것은 당연. 결말을 알고 있던 두 떠버리와 관계자들은 예고편에 상당한 제작비를 쏟아붓고 있었다.

뻔한 결말 그리고 열린 결말

경기는 예상대로 흘러갔다. 초반에는 맥그리거의 위압감이 보통이 아니었다. 상대적으로 큰 덩치와 긴 리치를 최대한 활용했다. 링 중앙에 서서 오른손 잽과 왼손 스트레이트를 쭉쭉 뻗었다. 4라운드부터 메이웨더가 잔 펀치를 내주면서 맥그리거의 복부에 펀치를 던지기 시작했다. 자신감 있게 펀치에 힘을 실었다. 맥그리거는 옥타곤에서 뒤로 물러서는

선수가 아니다. 어떻게든 상대를 압박하는 스타일이지만, 링에서는 달랐다. 프로 첫 경기를 뛰는 애송이일 뿐이었다. 9라운드부터 숨을 헐떡거렸고 스텝이 바닥에 달라붙었다. 메이웨더의 공세에 클린치로 위기를 모면했으나 역전 펀치를 때릴 만한 기운이 남아 있지 않았다. 결국 10라운드 메이웨더의 연타를 얻어맞고 휘청거렸다. 심판은 더 이상 맥그리거가 반격할 수 없었다고 판단하고 경기를 끝냈다. 메이웨더의 10라운드 1분 5초 TKO승이었다.

내용을 놓고도 뒷말이 무성했다. 메이웨더가 일부러 시간을 끌었다는 게 중론이었다. 전 WBC 라이트미들급 챔피언 오스카 델라 호야는 "맥그리거가 몇 개의 라운드에서 앞설 수 있었던 것은 메이웨더가 일부러 밀려 줬기 때문이다. 처음 4라운드까지는 맥그리거가 공격하도록 놔두더라. 메이웨더는 최고의 방어력을 지닌 세계 최고의 복서 중 하나로 꼽힌다"라고 말했다. 어찌 됐든 메이웨더는 그럴듯한 그림을 그렸고 전적 50전 50승을 완성했다. 그리고 큰돈도 벌었다. 이제 정말 복싱 링에 서지 않겠다고 하면서 후진 양성을 위해 힘쓰겠다고 선언했다. "난 다른 파이터들을 도와 그들의 기량을 향상시키고 싶다. 그리고 링 밖에서도 슈퍼스타가 되는 법을 가르쳐 주고 싶다. 이기는

것만 가지곤 안 된다. 다른 많은 것들을 해야 슈퍼스타가 된다. 그 방법을 전수하겠다"라고 했다. 어쩌면 맥그리거는 메이웨더의 수제자일지도 모른다. 메이웨더는 그의 말대로 맥그리거에게 어떻게 경기를 팔 수 있는지, 어떻게 유명해지고 몸값을 키울 수 있는지 일대일 과외로 가르쳤다. 과외의 영향은 컸다. 안 그래도 판 키우는 데 천재인 맥그리거가 이 분야 최고인 메이웨더와 손발을 맞추면서 레벨이 급격히 올라갔다. UFC에서는 상상도 할 수 없는 큰돈을 만졌고 MMA계를 너머 복싱계까지도 명성을 떨치게 됐다. 덩치가 더 커진 맥그리거는 이제 화이트의 영향력

안에만 있는 존재가 아니었다. 자신만의 사업에 키웠고 '위스키'에 취했다. 자연스레 UFC 라이트급 타이틀을 지키는 데 소홀했다. 화이트에게 골칫덩어리가 돼 가고 있었다. 하지만, 사람은 잘나갈 때를 조심해야 한다. 맥그리거도 알도와 똑같은 실수를 범하고 있었다. 맥그리거가 UFC를 떠나 있는 동안 치고 올라오는 한 인물을 심각하게 생각하지 않고 있었다. 시간이 흘러 천적으로 떠오를 이 인물은 파이터 맥그리거를 완성할 존재였다. 가슴이 웅장해지는 대결이 다가오는 중이었다.

UFC
파이터의 수입 구조

UFC 파이터들은 UFC에서 기본 파이트머니(대전료), 승리수당, 보너스 세 가지 요소로 돈을 번다. 기본 파이트머니는 경기를 뛰기만 해도 받는 금액으로 신인들은 1만 2,000달러로 시작한다. 이길수록 기본 파이트머니가 2,000~3,000달러씩 올라간다. 보통 4경기씩 계약을 맺는데 재계약을 할 때마다 활약한 정도에 따라 기본 파이트머니를 크게 올릴 수 있다. 승리수당은 이겼을 때만 받을 수 있다. 대체로 기본 파이트머니와 같은 금액이다. 기본 1만 2,000달러를 받는 신인이 이기면 1만 2,000달러를 더 받아 2만 4,000달러를 받게 되는 구조다. 기본 파이트머니가 높은 A급 파이터들은 기본 파이트머니를 줄이고 승리수당을 많이 받을지, 기본 파이트머니를 늘리고 승리수당을 적게 받을지 계약할 때 협상 가능하다. 보너스는 대회마다 4명에게 주는 '파이트 오브 더 나이트(2명)'와 '퍼포먼스 오브 더 나이트(2명)'를 말한다. 금액은 5만 달러나 해서 웬만한 신인 파이터들의 파이트머니와 승리수당보다 높다. 보너스를 받고 기쁨의 눈물을 흘리는 건 그런 이유에서다. PPV 대회 메인이벤트에 나서는 파이터들, 챔피언과 슈퍼스타들은 PPV 러닝개런티 조건을 건다. PPV를 많이 팔면 팔수록 러닝개런티는 올라가는데 협상에 따라 수입에서 가져갈 퍼센트가 달라진다. 우리나라 파이터들에게 가장 민감한 건 각 나라마다 다른 세율이다. 미국은 주마다 약간의 차이가 있지만 30~40% 세금을 내고 와야 한다. 중국도 30% 이상의 높은 세율을 자랑한다. 우리나라 파이터들은 중국을 제외하고 세율이 낮은 아시아 국가에서 싸우는 게 유리하다. 파이터들이 갖는 불만도 있다. 훈련에 들어가는 모든 비용을 스스로 부담해야 하기 때문이다. 파이트머니는 낮은데 따로 들어가는 돈은 많고, 그렇다고 UFC와 계약할 때 받는 계약금도 없어서 요즘 들어 보수 체계를 바꿔야 한다는 목소리가 크다. 파이터들 개인이 경기복에 로고를 붙여 벌던 개인 스폰서도 리복과 베놈 등 UFC 유니폼이 생기면서 사라졌다. 유니폼을 입게 되면서 소정의 금액을 받는 개인 스폰서를 받을 때보단 낮아 이 역시 불만이 크다.

━ 맥그리거의 PPV 판매 건(추산) 순위 ━

❶ **머니 파이트**	2017.8.26 **vs** 플로이드 메이웨더		**5,307,000$**
❷ **UFC 229**	2018.10.6 **vs** 하빕 누르마고메도프		**2,400,000$**
❸ **UFC 264**	2021.7.10 **vs** 더스틴 포이리에		**1,800,000$**
❹ **UFC 202**	2016.8.20 **vs** 네이트 디아즈		**1,650,000$**
❺ **UFC 257**	2021.1.24 **vs** 더스틴 포이리에		**1,600,000$**
❻ **UFC 246**	2020.1.18 **vs** 도널드 세로니		**1,350,000$**
❼ **UFC 196**	2016.3.5 **vs** 네이트 디아즈		**1,317,000$**
❽ **UFC 206**	2016.11.12 **vs** 에디 알바레즈		**1,300,000$**
❾ **UFC 194**	2015.12.12 **vs** 조제 알도		**1,200,000$**
❿ **UFC 189**	2015.7.11 **vs** 채드 멘데스		**825,000$**

02

버스 습격 사건

2018 천적 등장

"당신이 날 온전히 채워 줍니다(You complete me)." 영화 『제리 맥과이어』에서
톰 크루즈가 눈물을 글썽이며 르네 젤위거에게 하는 말이다. 당신이란 존재로 내가
비로소 완성된다는 의미. 한번쯤 해 보고 싶은, 참 낭만적인 고백이 아닐 수 없다.
반면 같은 대사인데 전혀 다른 느낌이 나는 경우가 있다. 영화 『다크나이트』에서
사이코패스 악당 조커가 심문실에서 대면한 배트맨에게 나지막이 속삭인다.
"네가 날 완성해(You complete me)." 이번엔 소름이 돋는다. 연인이 서로를
채워 갈 때도 그렇지만, 나와 정반대에 있는 존재가 내 존재를 도드라지게
만들기도 한다. 사람이 사람을 완성하는 방법은 여러 가지다. 맥그리거에게 영향을
준 사람들을 되짚어 보자. 맥그리거를 낳고 키운 아버지 토니와 어머니 마가렛,
시크릿 법칙을 알려준 누나 에린, 빈털터리 맥그리거를 믿어준 디 데블린, 패배에
흔들릴 때 잡아준 존 카바나 코치가 있다. 화이트는 페르소나 맥그리거의 가능성을
내다보고 밀어줬다. 디아즈는 맥그리거에게 영혼의 단짝이라고 표현하고 싶다.
책상 가운데 줄을 긋고 넘어오지 말라며 티격태격하지만 막상 옆에 없으면 허전한
그런 존재랄까. 메이웨더는 맥그리거의 길잡이였고 또한 일대일 과외
선생님이었다. 모두들 파이터 맥그리거를 그려 간 사람들이다. 그리고 이제부터
맥그리거를 완성하는 또 다른 존재를 소개하려고 한다. 맥그리거의 반대편 극단에
있는 인물이다. 누가 배트맨이고, 조커인지는 잘 모르겠지만 서로를 완성하게
만드는 사이임에는 틀림없다.

누르-마고-메도프

하빕 누르마고메도프(Khabib Nurmagomedov)이름부터
강렬했다. 혀를 마비시키는 기분이었다. 외우기 힘들었을 뿐
아니라 보고 읽기도 어려웠다. UFC 중계 중 자주
버벅거렸다. 고심 끝에 이름을 누르-마고-메도프,
세 부분으로 띄어서 읽는 특단의 조치를 취했다. 나만의
문제는 아니었나 보다. UFC는 여러 나라 파이터들에게
누르마고메도프의 이름 스펠링을 알아맞게 하는 퀴즈를
냈다. 고개를 갸웃거리며 곤란해하는 이들의 모습을
영상으로 담아 유튜브에 올렸다.
UFC는 대체로 성(姓)을 파이터의 '대표 이름'으로 쓴다.
코너 맥그리거는 맥그리거. 론다 로우지는 로우지.
프란시스 은가누는 은가누다. UFC PPV 대회는 메인이벤트
출전 선수들의 대표 이름이 부제로 들어간다. UFC 194를
예로 들면, 'UFC 194 조제 vs 코너'가 아니라 'UFC 194
알도 vs 맥그리거'였다. 특별 케이스가 있다. 정찬성은
미국인들이 발음하기 어려운 이름이다. 반면 링네임은 입에
착착 감긴다. 캐릭터와 경기 스타일에도 딱 들어맞는다.
그래서 '정찬성' 대신 '코리안 좀비'를 대표 이름으로 쓰게
됐다. UFC 163 부제는 '알도 vs 정'이 아니라
'알도 vs 코리안 좀비'였다. 하빕 누르마고메도프는 또 다른
경우다. UFC는 성 누르마고메도프를 쓰다가 너무 길고
어려워, 읽기 쉬운 하빕을 대표 이름으로 바꿨다. 우리나라
중계도 UFC 결정을 따르기로 해서 내 마음이 한결
가벼워졌던 것으로 기억한다. 기사에도 누르마고메도프
대신 하빕으로 쓰기 시작했다. 이 책에서도 하빕으로
통일하려고 한다.

'만렙' 그래플러

하빕은 1988년 9월 20일생이다. 맥그리거가 태어나고
두 달 후 세상에 나왔다. 운명이 정해져 있던 게 아닐까
싶다. 출생지가 하필이면 러시아 다게스탄이었고, 아버지가
하필이면 레슬링과 삼보를 지도하는 코치 압둘마나프였다.
다게스탄은 러시아의 자치공화국으로 캅카스 지방에
위치한다. 산세가 험준하고 척박한 지역이라 사람들이
억세고 강인하다. 우리나라 어린이들이 태권도를 배우듯,
다게스탄 어린이들은 레슬링을 조기 교육받는다.
하지무라드 마고메도프, 부바이사르 사티예프,
아담 사티예프, 압둘라시드 사둘라예프 등 다게스탄 출신

올림픽 금메달리스트 레슬러가 무척 많다.
하빕은 8살 때부터 아버지 밑에서 본격적으로 훈련했다.
커리큘럼엔 '곰과 스파링하기'도 있었다. 물론 거대한 곰과
목숨을 건 사투를 벌인 건 아니다. 체격이 맞는 작은 곰과
레슬링으로 장난을 치는 식이었는데, 워낙 신기한 장면이다
보니 1997년 9살 때 찍은 영상이 2016년 유튜브에서 큰
화제를 불러일으켰다. 하빕은 그래플러로 성장할
운명이었다. 아들이 그래플링 마스터가 되길 바랐던 아버지
압둘마나프의 뜻에 따라, 레슬링에 이어 도복 입는 무술
유도와 삼보까지 섭렵했다. 하빕은 10대 때 이미 그래플링
'만렙'을 찍었다.

맥그리거가 아일랜드 더블린에서 프로로 데뷔한 2008년, 하빕은 우크라이나 폴타바에서 프로 첫 경기를 펼쳤다. 2011년까지 러시아와 우크라이나 지역 대회를 돌며 16전 전승 무패를 달렸고 2012년 1월 UFC에 당당히 입성했다. 2013년 4월 UFC에 첫발을 들인 맥그리거가 출발부터 스포트라이트를 받은 것과 달리, 하빕은 시작이 미약했다. 러시아에서 온 이름이 긴 레슬러였을 뿐이다. 관심을 갖는 사람은 많지 않았다.

맥그리거는 큰 체격과 긴 팔다리를 앞세워 타격으로 상대를 펜스로 모는 스타일이다. 도망갈 수 없게 구석에 가둔 다음, 쾅 스트레이트를 꽂았다. 반면 하빕은 MMA 레슬링에 도가

튼 인물이다. 상대를 펜스로 모는 건 맥그리거와 비슷한데, 거기서 레슬링 태클을 찔렀다. 상대를 구석에 찌그러뜨려 놓고 파운딩을 내리치거나 서브미션을 걸었다. 맥그리거가 트래시 토크 레버리지 투자로 '인기 수익률'을 팍팍 끌어올릴 때, 하빕은 복리 적금으로 착실하게 지명도를 쌓았다. 카말 샬로루스, 글레이슨 티바우, 티아고 타바레스, 팻 힐리, 하파엘 도스 안요스 등 힘 꽤나 쓴다는 그래플러를 으깨고 상위 랭커로 올라왔다. 그래플러 하빕은 스트라이커 맥그리거와 옥타곤 안팎으로 색깔이 달랐다.

하빕은 본격적으로 맥그리거와 얽히고설켰다. 2016년 12월 12일 뉴욕 매디슨스퀘어가든에서 열린 UFC 205로

돌아가자. 맥그리거는 역사를 썼다. 에디 알바레즈를 2라운드 TKO로 이겨 두 체급 동시 챔피언에 올랐다. 타이론 우들리의 벨트까지 빌려와 어깨에 올리고 기쁨을 만끽했다. 단연 이날의 주인공이었다. 공교롭게도 매디슨스퀘어가든에는 하빕도 있었다. 은퇴할 때까지 맥그리거와 두 번 같은 대회를 뛰는데, 이번이 그 처음이었다. 앞선 경기에서 하빕은 마이클 존슨을 3라운드 2분 31초 만에 기무라로 이기고 24승 무패를 질주했다. 징그러울 정도로 압도적이었다. 깔려 있는 존슨에게 펀치를 휘두르면서 "일어나 봐, 마이클", "난 타이틀전으로 가야 돼. 너도 내가 도전자 자격이 있는 걸 알잖아" 외쳤다. 관장님이 제자에게 하는 '지도 스파링' 같았다.

하빕은 경기가 끝나고도 공격적이었다. 자신이 받아야 할 도전권을 맥그리거가 가져가서였다. 옥타곤 인터뷰에서 맥그리거를 응원하러 온 아일랜드 팬들에게까지 전쟁을 선포했다. "겸손하게 있고 싶은데 할 말은 해야겠다. 당신들이 너무 시끄럽기 때문이다. UFC 홍보왕(맥그리거)이 대단하긴 하다. 올해 초 디아즈에게 겁쟁이처럼 탭을 쳤는데, 올해 말엔 타이틀에 도전한다. 미친 거 같다. 여러분, 이건 진실이다. 트래시 토크가 아니다. 아일랜드 인구가 600만 명 정도고, 러시아 인구는 1억 5,000만 명이다. 당신들이 좋아하는 겁쟁이와 싸우고 싶다. 그는 라이트급에서 쉬운 상대 중 하나다." 맥그리거는 역사의 한 페이지를 장식했다. 그리고 그때는 그저 재밌는 독설로 지나쳤던 하빕의 발언, 지나고 나서 보면 역사적인 복선이었다. 낮은 땅에서 지렁이가 태어나면 그 위 높은 곳에서 지렁이 잡는 매가 태어나는 법이다.

견우와 직녀

꼭 짚고 넘어가야 할 인물이 있다. 하빕이 맥그리거와 제대로 대립 구도를 그리기 전 위협적인 라이벌이었던 토니 퍼거슨이다. 역사에 만약이라는 가정은 의미 없지만, 그래도 만약에 하빕과 퍼거슨이 옥타곤에서 붙었다면 지금쯤 다른 세상이 펼쳐지지 않았을까 상상해 본다. 맥그리거가 메이웨더와 복싱 대결을 펼치느라 옥타곤에 오르지 않은 2017년. UFC 라이트급은 하빕과 퍼거슨의 경쟁 무대였다. 8연승의 하빕과 9연승의 퍼거슨이 2017년 3월 4일 UFC 209 잠정 타이틀전에서 격돌하기로 했다. 당시엔 두 파이터가 챔피언 맥그리거보다 객관적인

전력에서 우세라고 보는 사람이 많았다. "둘 중 하나가 사실상 공식 챔피언"이라는 말까지 나왔다. 이 대결에 관심이 쏟아진 또 다른 이유는 무려 세 번째 성사된 매치업이었기 때문이다. 2015년 12월은 하빕의 부상으로, 2016년 4월은 퍼거슨의 부상으로 어긋난 바 있어 이번에야 말로 둘의 엎치락뒤치락 명승부를 볼 수 있다는 기대감이 컸다. 두 번은 운이 나빠 그럴 수 있겠다 생각했다. 그런데 하늘도 무심하게 하빕이 감량 도중 쓰러졌다. 하빕이 몸을 추스르면서 휴식을 취하는 사이, 퍼거슨은 7개월 뒤인 10월 UFC 216에서 케빈 리를 잡고 잠정 챔피언이 됐다. UFC도 오기가 생겼던 것 같다. 맥그리거는 돌아올 줄 모르니, 둘을 정식 타이틀전에서 맞붙게 했다. 2018년 4월 7일 UFC 223 메인이벤트에서 네 번째 만남이 추진됐다. 설마가 사람 잡는다는 게 이런 것이다. 퍼거슨이 UFC 홍보 영상을 찍으러 가다가 무릎을 삐끗해 인대를 다쳐 버렸다. 경기를 일주일 앞두고 또 경기가 무산됐다. 허무하게 네 번째 물거품이 일었다. 마가 낀 것이 분명했다.

결국 둘은 견우와 직녀처럼 서로를 그리워만하다가 만나지 못했다. 하빕과 퍼거슨의 다섯 번째 매치업도 허공 속에 묻혔다. 2020년 4월 18일 UFC 249에서 대결할 계획이었는데, 하빕이 미국에서 러시아로 훈련하러 들어갔다가 코로나 팬데믹이 터져 출국이 금지됐다. 경기는 또 취소됐다. 12연승의 퍼거슨은 여기서부터 연패 수렁에 빠졌다.

버스 습격 사건

다시 2018년 4월 7일 UFC 223으로 돌아와서 이야기를 이어 간다. 맥그리거와 하빕이 극렬한 반감을 갖게 된 사건이 연달아 터진다. 앞서 말했듯이 네 번째로 추진된 하빕과 퍼거슨의 경기는 잠정 타이틀전이 아니었다. 승자가 맥그리거를 밀어내고 왕좌에 앉게 되는 공식 타이틀전이었다. 화이트는 "경기가 시작되고 주먹이 오가는 순간, 이 경기는 정식 타이틀전이 된다. 그게 공정하다. 둘은 정상을 향해 달려 왔다. 퍼거슨은 랭킹 1위, 하빕은 랭킹 2위다. 충분히 자격이 된다"라고 발표했다. 맥그리거는 공백기가 너무 길었다. 2017년 8월 메이웨더와 머니 파이트로 UFC에 큰돈을 벌어다 줬다곤 하지만, 2016년 11월부터 1년 5개월이나 방어전을 갖지 않은 챔피언을

최강자로 인정하긴 어려웠다. 이에 맥그리거는 트위터에서
"너희들은 내게서 아무것도 가져갈 수 없다. 아무것도 할 수
없을 것이다"라며 성질을 부렸다. 안 그래도 열이 오른
맥그리거에게 기름을 붓는 사건이 발생했다. SBG 동료
아르템 로보프가 하빕에게 위협을 받았다. 로보프는
러시아에서 태어나 아일랜드로 이주한 타격가다.
UFC 223에서 알렉스 카세레스와 싸울 예정이었는데,
대회 나흘 전 호텔 복도에서 하빕과 그의 동료들을 마주치는
바람에 곤경에 빠졌다. 여러 인터뷰에서 자주 하빕을 흉본
로보프는 잔뜩 벼르고 있던 하빕이 따지기 시작하자
그 위세에 위축돼 복도 벽으로 밀렸다.
관계자들이 말려도 소용없었다. 하빕은 로보프의 뒷덜미를
잡고 다시는 그러지 말라고 엄중 경고했다. 문제는
이 장면이 누군가의 스마트폰으로 녹화되고 있었고,
곧 각종 SNS와 유튜브로 퍼져 나갔다. 이 영상은
아일랜드에서 분을 삭히고 있던 맥그리거도 보고 말았다.
하루 뒤인 4월 5일 일이 벌어졌다. UFC 223 미디어데이가

열린 미국 뉴욕 브루클린 바클레이스센터 주차장에
괴한들이 나타났다. 이들은 하빕과 홍 코너 선수들이
인터뷰를 마치고 호텔로 돌아가기 위해 탄 버스를 습격했다.
훌리건처럼 깡통과 오물을 마구 던졌고 차체를 쾅쾅
두들겼다. 괴한들의 정체는 맥그리거와 그의 패거리였다.
맥그리거는 로보프가 당하는 영상을 보고 바로 전세기를
띄워 뉴욕으로 날아왔다. 하빕을 혼내 주려고 했다. 그런데
흥분한 맥그리거가 루비콘강을 건넜다. 철제 손수레를 버스
창문에 던져 유리창을 깨고 말았다. 유리 파편이 버스 안
선수들에게 튀었다. 마이클 키에사의 이마에 상처가 났고
레이 보그는 눈에 이상을 호소했다. 로즈 나마유나스는
소스라치게 놀라고 정신적 충격을 받아 움직이지 못했다.
맥그리거는 사고를 친 뒤 패거리들과 함께 유유히
사라졌는데, 일이 걷잡을 수 없이 커진 상태였다.
하빕은 애꿎은 파이터들이 다친 걸 보고 황당함을 감출 수
없었다. "왜 창문을 깨? 그냥 안으로 들어오지. 정말 갱스터
라면 못 들어올 이유도 없지 않은가"라고 따졌다. "이곳

브루클린은 갱스터들의 지역이었다. 역사가 깊다. 나와 얘기하고 싶어? 그러면 만날 장소를 대라. 만나야 한다면, 내가 가겠다. 문제없다"는 메시지도 띄웠다. 데이나 화이트는 "UFC 역사에서 가장 역겨운 일이 일어났다. 버스에는 나마유나스와 카롤리나 코발키에비츠 등 여성들도 타고 있었다. 이 패거리들은 누가 다칠지 상관하지 않고 물건을 던졌다"라며 통제를 벗어난 맥그리거를 맹비난했다.

이 사건은 키에사와 앤소니 페티스의 경기, 보그와 브랜든 모레노의 경기 취소로 이어졌다. '버스 습격 사건'의 공범인 로보프의 경기도 대진표에서 사라졌다. 3건의 대인 피해와 1건의 대물 파손 혐의로 수배령이 떨어진 맥그리거는 경찰서에 자진 출두해 조사를 받고 유치장에 갇혔다. 하루 뒤 친구 키안 카울리와 형사 법정으로 이송돼 판사 앞에 섰다. 맥그리거의 변호사는 맥그리거가 세계 어딜 가나 알아볼 수 있는 유명인이라는 점과 지금까지 범죄를 저지른 사실이 없다는 점을 들어 보석 절차를 밟아 달라고 요청했다. 맥그리거는 5만 달러를 낸 다음 풀려났다. 이것이

그 유명한 '버스 습격 사건'의 전말이다.

맥그리거는 감정의 고조가 큰 편이다. 화가 나면 불같다. 분노조절장애가 있나 싶을 정도다. 개인적인 생각에 맥그리거가 유리창을 깰 생각까지는 아니었을 것이라고 보지만, 여하튼 맥그리거는 자신의 별명대로 악명 높은 악당이 됐다. 조커의 얼굴과 겹쳐 보였다.

퍼거슨이 빠지고 급히 대체 선수로 들어온 파이터는 맥스 할로웨이였다. 할로웨이마저 짧은 기간 몸무게를 많이 빼야 한다는 점을 들어 뉴욕주체육위원회로부터 출전 허가를 받지 못했다. 하빕의 상대는 알 아이아퀸타로 최종 낙점됐다. 애초에 아이아퀸타는 하빕에게 상대가 안 됐다. 5라운드까지 버티기만 했을 뿐이었다. UFC 223에서 맥그리거의 타이틀은 박탈됐고 하빕이 새 라이트급 챔피언에 등극했다. 이제 스트라이커와 그래플러 만렙들의 대결만 남겨 두고 있었다.

악당

맥그리거의 사건·사고

---------- X ----------

2017. 7

아일랜드 더블린에서 과속 딱지를 뗐다. 벌금 50만원을 냈다. 2018년 11월 아일랜드 킬데어에서
또 가속페달을 과하게 밟았다. 이번엔 1,300만원 벌금에 6개월 면허 정지 처분까지 받았다.

2017. 11

아일랜드 더블린에서 열린 벨라토르 187에서 동료 찰리 워드가 KO로 이기자 공식 판정이 나기도 전에 케이지 안으로 들어가
워드를 얼싸안았다. 마크 고다드 주심이 밖으로 내보려고 하자 맥그리거는 격분해 고다드를 밀치며 몸싸움을 벌였다.

2019. 3

미국 플로리다 마이애미의 한 호텔에서 자신의 사진을 찍는 한 팬을 밀치고 그의 스마트폰을 빼앗아
바닥에 던져 부쉈다. 곧 체포된 뒤 5,000달러 보석금을 내고 풀려났다. 추후 스마트폰 안에 소중한
사진이 있었다며 피해 보상을 요구한 피해자와 합의했다.

2019. 8

아일랜드 더블린의 한 펍에서 50대 남성을 왼손으로 때렸다. 자신의 위스키 프로퍼 트웰브를 무료로 주겠다며
여러 번 권했는데 이 남성이 계속 거절한 게 이유였다. 맥그리거는 유죄를 인정했고 1,300만원 벌금형을 받았다.

2021. 9

미국 뉴욕 브루클린 바클레이스센터에서 열린 MTV 비디오 뮤직 어워드 시상식에서 아티스트 머신 건 켈리와
말다툼을 벌였고 펀치를 휘둘렀다. 다행히 주먹이 켈리에게 닿진 않았다. 큰일이 벌어지기 전 안전요원들이
둘의 사이를 떨어뜨렸다. 경찰에 입건되지 않았으나 주먹이 앞서는 맥그리거의 성격이 또 드러났다는 비판을 받아야 했다.
맥그리거가 켈리와 사진 촬영을 요구했는데 켈리가 이를 거부하자 일어난 다툼으로 알려졌다.
맥그리거는 켈리가 자신을 먼저 밀었다고 주장했다.

2021. 10

이탈리아 로마의 한 나이트클럽에서 이탈리아 뮤지션 프란체스코 파치네트를 때려 코를 부러뜨린 혐의를 받았다.
파치네티는 아무런 이유 없이 자신을 공격했다며 맥그리거를 고소했다.

#INTRIC

#INTRIGUEVEG

03

가슴이 웅장해진다

2018 하빕과 대결

가슴이 웅장해진다! 요즘 인터넷에서 흔히 볼 수 있는 이 말은 한 누리꾼이
쓴 만화 『나루토』의 감상평에서 시작됐다. 밈(meme)으로 발전한 신조어
또는 유행어라고 보면 된다. 어떤 사건으로 기대감이 한껏 부풀어 오르거나
가슴이 요동치듯 크게 감동받았을 때 쓴다. MMA 팬들은 누가 이길지
예상하기 어려운 강자들의 맞대결이 발표될 때 이 말을 사용한다.
버스 습격 사건의 주동자로 선수 생명 위기에 몰렸던 코너 맥그리거는
2018년 7월 26일 뉴욕 브루클린 킹스 카운티 법원에 출석해 잘못을
뉘우치고 선처를 호소했다. 가까스로 실형을 면했다. 죄를 인정하는 대신
협상을 통해 형량을 경감하거나 조정하는 제도인 사전형량조정제도(plea
bargain)를 활용했다. 전과 기록이 남지 않아 비자를 받고 미국에서 경기를
치르는 데 문제없었다. UFC 출전이 가능했다.
맥그리거는 드디어 복귀를 결심했다. 챔피언 벨트를 되찾으러 가야겠다고
마음먹었다. 새 챔피언 하빕 누르마고메도프와 경기를 확정했다. 2018년
8월 3일 외나무다리 승부가 공식 발표됐다. 날짜는 두 달 뒤인 10월 6일,
장소는 미국 라스베이거스 티모바일아레나, 대회는 UFC 229였다. 가슴이
웅장해지는 순간이었다. 맥그리거와 하빕의 경기는 달리 표현할 방법이
없는 빅 매치였다. 기자 신분으로 표준어가 아닌 이 말을 굳이 쓰는 이유는
서로를 완성하는 두 파이터가 나루토의 두 주인공 우즈마키 나루토-
우치하 사스케와 묘하게 닮았다고 느꼈기 때문이다. 조금 더 윗세대로 가면
드래곤볼 손오공-베지터 같다고 해야 할까. 숙명의 라이벌이었다.

흥행 보증

맥그리거와 하빕은 1988년 용띠 동갑내기다. 같은 해인 2008년 프로로
출발했으며, 비슷한 시기에 UFC로 발을 내딛었다. 하빕이 2012년 UFC와
먼저 계약했고, 맥그리거는 2013년 뒤따라 옥타곤에 입성했다.

맥그리거는 젠스 펄버, 션 셔크, BJ 펜, 프랭키 에드가, 벤슨 헨더슨, 앤소니 페티스, 하파엘 도스 안요스, 에디 알바레즈에 이어 9대 UFC 라이트급 챔피언에 올랐다. 하빕은 그 뒤를 이은 10대 챔피언이었다.

올림픽 종목 중 투기 스포츠의 경우, 대체적으로 20대 중후반에 전성기를 맞이한다. 신체적으로 가장 날이 서 있는 때다. MMA는 신체적 최고점도 중요하지만 다양한 경험이 필수다. 몸을 상하게 하는 투기 스포츠라고 해도 태권도 유도 레슬링 등은 실전에 준하는 스파링이 평소에 가능한 반면, MMA는 부상 위험 때문에 실전에 준하는 스파링이 불가능하다고 봐야 한다. 케이지 위에서 실제 싸우면서 시행착오를 겪고 해답을 찾아가면서 성장하는 수밖에 없다. 평생 뛸 수 있는 경기 수도 적다. 평균 1년에 2~3경기밖에 하지 못한다. 그래서 파이터들은 여러 기술을 잘 섞어 자신만의 스타일을 정립하고, 안정적으로 마인드 컨트롤을 할 수 있는 30대 초반에 기량을 꽃피우는 경우가 많다. 맥그리거와 하빕은 2018년 만 30세로 기술과 경험 그리고 마인드까지 절정에 들어와 있는 상태였다. 잘 연마된 예리한 칼 두 자루였다.

동기부여도 뚜렷했다. 맥그리거는 26승 무패의 챔피언을 이기면 제2의 전성기를 열 수 있었다. 9월부터 미국에서 판매되는 자신의 위스키 '프로퍼 트웰브'를 널리 홍보할 수 있는 절호의 찬스기도 했다. 하빕 역시 대환영했다. 과대포장됐다고 생각하는 맥그리거는 그에게 눈엣가시였으니까. 그를 박살 내고 정상에 오른 것이 아니었던 만큼 누가 위인지 확실히 해야 했다. 물론 버스 습격 사건의 복수도 겸했다. 두 파이터는 전심전력을 다할 준비가 돼 있었다.

맥그리거는 MMA 역사상 대중적으로 가장 유명한 파이터라고 해도 과언이 아니다. 비교할 만한 파이터가 있다면 브록 레스너나 론다 로우지 정도다. 각종 기행은 차치해 두자. 실적만으로도 대단했다. UFC 최초 두 체급 동시 챔피언에 오른 업적은 눈부셨다. 플로이드 메이웨더와 펼친 복싱 경기로 어마어마한 브랜드 파워를 확인했다. 1년 11개월 만에 컴백, 당연히 눈 빠지게 기다리는 팬들이 많았다. 하빕은 무슬림 최초 UFC 챔피언이다. 서아시아, 중앙아시아, 동남아시아, 북아프리카까지 넓은 지역적 기반을 토대로 막강한 팬덤을 형성하고 있었다. 게다가

UFC가 눈독 들이는 러시아 시장의 대표 파이터였다. 흥행 보증 수표 두 장이 만났다. 이 대결은 보나마나 대박이었다.

스트라이커 vs 그래플러

전통적인 스테디셀러 매치업이 있다. 때리는 자와 굴리는 자의 결투다. 맥그리거와 하빕의 타이틀전은 그런 맥락에서 양쪽 진영 싸움이기도 했다. 대표적인 스트라이커와 대표적인 그래플러의 정상 대결이었다. 맥그리거는 터프하기로 유명한 아일랜드 복싱을 뿌리로 하고 있다. 킥복싱을 배워 발기술을 추가하면서 긴 팔다리를 활용한 '맥그리거 타격 스타일'이 완성됐다. 전적 21승 3패 중 KO승만 18번. 타고난 피니셔, 타고난 킬러다. 하빕은 뼛속까지 그래플러다. 태어나 보니 다게스탄이었다. 아버지 압둘마나프에게 조기 교육을 받으며 성장했다. 올림픽 레슬링은 매트에서 상대를 제압하는데, MMA에선 케이지 펜스를 활용해 상대를 구겨 놓는다. 케이지 레슬링이라고 부르는 영역이다. 하빕은 이 분야 최고수다. UFC가 시작된 1993년부터 진영 싸움은 치열했다. 초반엔

그래플러 세상이었다. 깡마른 청년 호이스 그레이시가 우락부락한 덩치들을 싹 다 이기고 UFC 1에서 우승하자 다들 충격에 빠졌다. 주짓수라는 조르기와 꺾기에 특화된 무술을 전혀 몰랐기 때문이다. 그래플러들은 스트라이커들을 속속들이 알았다. 스트라이커를 제압하는 방식을 개발하고 훈련하는 것이 그들의 일상이었다. 반면 스트라이커들은 그래플러들에 대해 깜깜했다. '어어어' 하다가 바닥으로 끌려가 목이 졸리고 팔다리가 꺾였다.

서로의 정체를 파악할 때쯤, 그러니까 1990년대 중후반부터 2000년대 초반에는 스트라이킹과 그래플링을 적절히 섞은, 다양한 스타일이 나타나기 시작했다. 마크 콜먼과 마크 커와 같은 자유형 레슬러들은 상대를 눕혀 놓고 때리는 '그라운드 앤드 파운드'를 발전시켰다. 척 리델과 같은 타격가들은 다리를 뒤로 쭉 빼는 동작인 스프롤로 태클을 방어한 다음, 펀치와 킥으로 KO를 노리는 '스프롤 앤드 브롤(Sprawl & Braw)'을 갖고 나왔다. 랜디 커투어는 그레코로만형 레슬러로 클린치 게임을 체계화했고, 킥복서 미르코 크로캅은 '불꽃 하이킥'으로 발차기 활용도를 높였다. 안토니오 호드리고 노게이라는 복싱과 주짓수를 섞었고,

표도르 예멜리야넨코는 유도와 타격 그리고 '얼음 파운딩'을
조합했다. 파이터마다 개성이 만발한 때였다.

0부터 10까지 적힌 수직선을 긋자. 0을 극단적인
스트라이커, 즉 그래플링 기술을 전혀 쓰지 않는 파이터로
가정하고, 반대로 10을 극단적인 그래플러로, 타격은 제로인
파이터라고 상정한다. UFC 초기 이종격투기 시대엔
0 아니면 10이었다. 싸움의 데이터가 쌓였다. 시간이
지나면서 차츰 양 진영이 섞여 새로운 스타일을 만들고
MMA를 체계화했다.

스트라이커들은 0에서 1로, 1에서 2로 차츰 이동했다.
그래플러들은 10에서 9로, 9에서 8로 점점 발전했다.
2010년 즈음에 와선 대부분 MMA 파이터들은 4~6으로
수렴했다. 파이터들이 출발부터 스트라이킹과 그래플링이
섞인 MMA 기술을 배우기 때문이다. UFC 레벨에서
생존하려면 양극단에 있는 0, 1, 9, 10은 어렵다고 봐야
한다. 개성은 덜하지만 기술적인 수준이 상향 평준화된 게
요즘 UFC다.

그런데 맥그리거와 하빕은 각자의 기본 베이스가 매우 강한
편이다. MMA 기술들을 통달했어도 좋아하는 영역과 잘
쓰는 기술이 딱 정해져 있다. 수직선상에서 맥그리거는
2~3, 하빕은 7~8에 위치해 있다. 색깔이 뚜렷한 둘을
스트라이커와 그래플러의 대표라고 할 만했다.

설전

챔피언 하빕은 자신만만했다. 바닥 청소 시간이라고 했다.
"우리가 싸울 수 있다니, 사실 잘 안 믿긴다. 맥그리거에게
겸손을 가르치겠다. 이것저것 교육할 것이다. 패대기치는
것에 그치지 않고 얼굴까지 손봐 주겠다. 그 마인드도
변화시키겠다"라고 엄포를 놨다. '여기서 시험 문제 그대로
나온다'며 예고하는 선생님이었다. "엄청난 볼거리를
제공하겠다. 그를 불쌍하게 만들 것이다. 맥그리거를
테이크다운 하겠다. 테이크다운을 한두 번 방어한다고 치자.
그러면 맥그리거는 금방 지칠 것이다. 맥그리거 얼굴을
어떻게 바꿀 수 있냐고? 서브미션 기회가 있더라도
시도하지 않겠다. 깔려 있는 맥그리거와 계속 대화를
나누면서 파운딩으로 엄벌하겠다. 실컷 즐길 것이다. 그와
대결이 너무 기다려진다"라고 말했다.

압둘마나프도 아들의 승리를 의심하지 않았다. "맥그리거는
처음 8~9분 정도만 위험하다. 그 이상은 아니다.

첫 클린치에서 하빕이 테이크다운 할 것이다. 우리가 원할 때 경기를 끝내겠다. 팬들을 존중하니까, 그들이 5라운드 끝까지 가는 경기를 보고 싶으면 5라운드 동안 싸울 것" 이라고 말했다. 이어 "최고의 레슬링 코치를 데리고 와 봐. 그들도 3개월 안에 맥그리거를 준비시키긴 힘들다. 누구도 도와줄 수 없다. 너무 짧은 시간이다. 맥그리거는 기초부터 배워야 한다"라고 승리를 확신했다.

맥그리거는 신경전으로 받아쳤다. 기자회견에서 '프로퍼 트웰브'를 홀짝홀짝 마시면서 하빕을 도발했다. "이 일을 사랑하기 때문에 돌아왔다. 그리고 당연히 하빕의 입을 다물게 하기 위해 왔다. 조그마한 족제비 같은 입을 말이다. 여러 명이 뭉쳐서 강한 척이란 강한 척은 다 하지만 결국 혼자 남았을 때는 겁쟁이처럼 꽁무니를 빼는 놈이다. '버스 사건'에서 봤던 그대로다. 바지에 똥을 지렸을 것이다. '유리턱' 쥐를 두들겨 팰 준비가 됐다"라고 말했다. "내가 마지막으로 관에다 못을 박아 주려고 왔다. 하빕은 내 팬으로 시작했고 돈을 좀 번다고 강해진 척했지만 이제 그 돈마저 없어졌다. 네 기록은 남아 있겠지만 조국에 등을 돌린 너를 지지하는 사람은 이제 없다. 내가 러시아 국민들을 대표해 널 부숴 주겠다." 역시 입으론 당할 자가 없었다.

하빕의 아버지도 겨냥했다. "압둘마나프 누르마고메도프, 난 네 속을 볼 수 있지. 인자한 듯 짓는 표정 뒤에 겁쟁이처럼 웅크린 본색을 말이야. 넌 너의 아들과 똑같다. 오들오들 떨고 있는 겁쟁이 주제에." 아버지와 아들 모두 분개할 만한 발언. '1타 2피' 목적타였다.

최강자는 누구?

패를 훤히 보고 있다. 서로가 뭘 잘하는지 알고 있다. 팬들도 알고 있다. 개성과 개성이 만나면 승부처가 어딜지 예상이 가능하다. 맥그리거가 하빕이 넘기러 오기 전에 펀치나 킥을 맞출 것인가, 하빕이 맥그리거의 타격을 피하고 테이크다운에 성공할 것인가? UFC 229 메인이벤트에 초점이 모아졌다.

맥그리거는 테이크다운 방어가 나쁘지 않은 편이다. 누워도 당황하진 않는다. 채드 멘데스에게 넘어갔어도 대처가 괜찮았다. 멘데스가 길로틴초크를 걸 때 몸을 틀어 일어났다. 맥그리거는 레슬링 최고수 하빕을 맞서서도 자신을 믿었다. 중앙을 잡고 걸어 들어가 타격 거리를 찾았다. 문제는

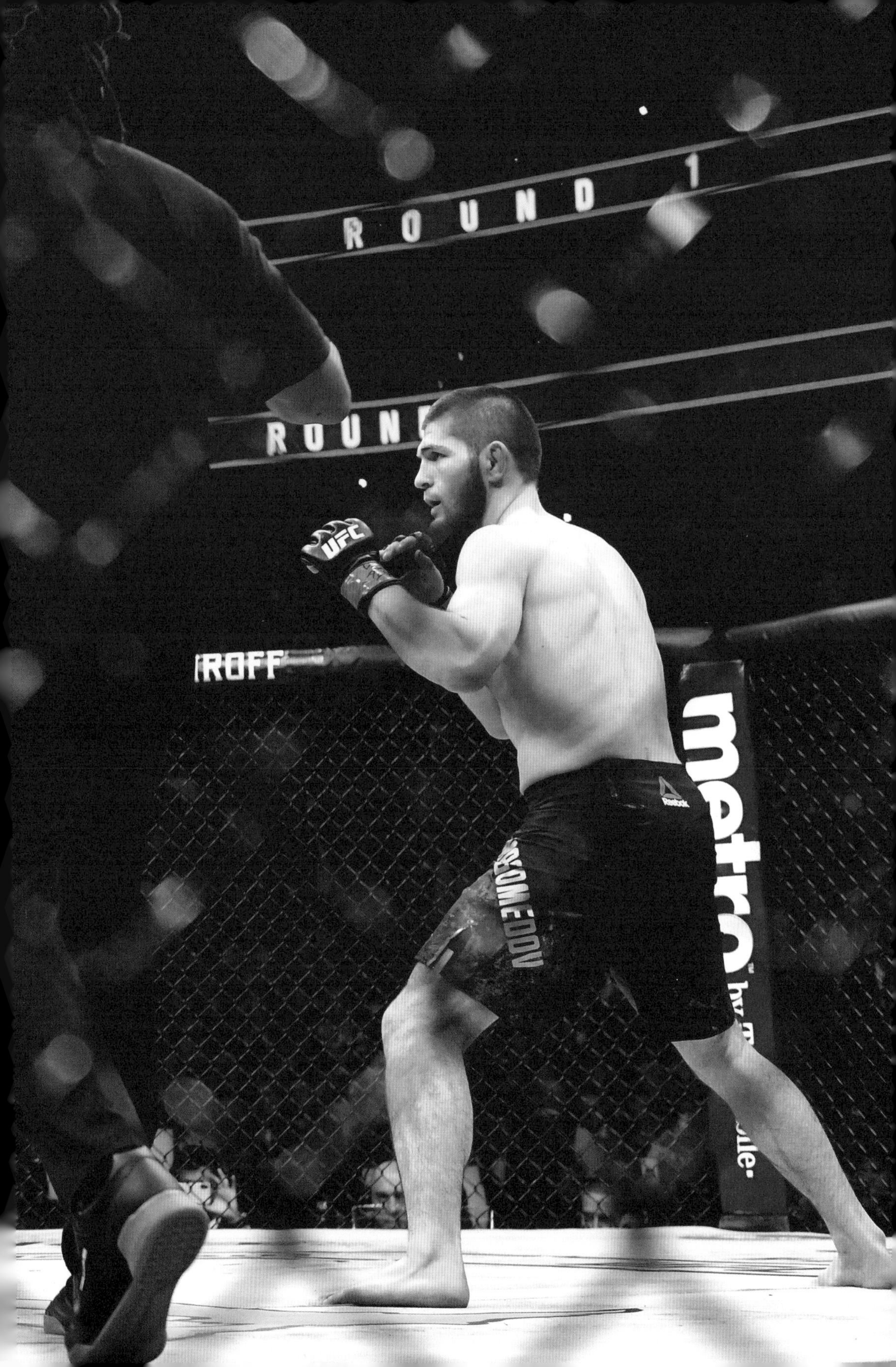
ROUND 1
UFC
metro

하빕의 레슬링 수준이 '어나더 레벨'이었다는 거다. 단발로 끝나지 않는다. 일명 '체인 레슬링'이라고 불리는 연계 동작이 일품이다. 맥그리거의 다리를 잡더니 좌우로 흔들고 다른 다리를 잡아채 결국 바닥으로 끌고 갔다. 물 흐르듯 자연스러웠다. 맥그리거는 펜스를 등진 채 몸을 일으켜 세우려 했으나 하빕이 공간을 주지 않았다. 1라운드 내내 깔려 있었다.

맥그리거는 알고 있었다. 레슬링을 두려워하다가 뒷걸음질 치면 하빕에게 테이크다운 기회를 줄 뿐이다. 하빕이 언제 다리를 잡으러 들어올지 경계하면서 펀치와 킥을 장전했다. 여기서 번쩍했다. 맥그리거가 휘청거렸다. 때린 건 오히려 하빕이었다. 하빕이 태클을 거는 척하다가 오른손 펀치를 크게 휘둘러 얼굴에 정타를 터트린 것. 스트라이커 대표는 '쌀 보리 게임'에서 수가 밀리고 있었다. 쌀이 언제 들어올지 모르니 점점 잠식됐다. 케이지 중앙에서 압박은 했지만 머릿속엔 온통 테이크다운 걱정이었다. 평소처럼 강력한 찌르기 공격이 안 나왔다. 기선을 잡은 하빕은 타격에서도 자신감이 붙었다. 여차하면 클린치로 가면 되니까. 펀치

연타를 날렸다.

4라운드, 승부가 결정됐다. 하빕이 맥그리거를 그라운드로 끌고 가 풀마운트를 잡았다. 몸을 일으키려는 맥그리거의 등 뒤로 돌아가 리어네이키드초크를 걸었다. 맥그리거는 네이트 디아즈에게 그랬던 것처럼 탭을 쳤다. 타이틀 탈환은 실패로 돌아갔다. 인정할 수밖에 없는 완패였다.

만화와 다른 현실

강백호와 서태웅은 산왕공고를 이기고 하이파이브를 한다. 나루토와 사스케, 손오공과 베지터는 죽일 듯 싸우지만 나중에 동반자가 된다. 자신을 완성해 준 라이벌에게 고마워한다. 성장 드라마를 담은 만화의 공식이다. 옥타곤 위에서도 만화 같은 일들이 펼쳐진다. UFC 파이터들은 동업자 정신을 품고 있다. 상대를 넘어서야 하지만, 상대가 있기 때문에 더 강해질 수 있다는 걸 안다. 상대를 다치게 하면서 역설적이게 상대가 많이 안 다치길 바란다. 경기 전 독설은 경기 후 묻어 버린다. 승부가

결정되고 승자는 패자에게 위로를, 패자는 승자에게 축하를 할 수 있는 이유다. 깐죽거리는 맥그리거도 경기 후는 180도 달라질 때가 많았다. 대체 선수로 들어와 준 채드 멘데스에게 감사의 말을 전했고, 조제 알도에게 악수를 건넸다. 디아즈와 1, 2차전 마지막을 떠올려 보시라. 맥그리거는 영혼의 짝꿍 디아즈를 안아줬다.

하지만 천적 하빕과는 묵은 감정을 풀지 못했다. 하빕은 승리를 확정 지은 후 갑자기 펜스를 넘었다. 관중석에 앉아 있던 맥그리거의 주짓수 코치 딜런 데니스에게 점프해 몸싸움을 벌였다. 옥타곤 안도 난리였다. 하빕의 팀원들이 들어와 맥그리거를 공격했다. 맥그리거는 카운터펀치로 받아쳤다. 옥타곤 안팎이 아수라장이 됐다. 데이나 화이트 등 관계자들이 전부 올라와 양쪽을 진정시키지 않았다면 옥타곤 최초 패싸움 경기가 중계될 뻔했다. 전혀 아름답지 않았다. "만화는 없어! 이게 현실이야!" 둘은 그렇게 말하고 있는 것 같았다. 다시 말한다. 사람이 사람을 완성하는 방법은 여러 가지다.

하빕은 27승 무패를 달렸고 맥그리거는 뼈아픈 네 번째

쓴잔을 마셨다. 하지만 풀이 죽어 있지 않았다. 3주 뒤 SNS로 재기를 다짐했다. "스포츠적인 관점으로 볼 때 1라운드는 하빕이 가져갔다. 날 펜스로 몰고 톱포지션을 꾸준히 유지했다. 하지만 '싸움의 관점'에서 보면 1라운드는 내 것이었다. 실제 타격을 가했고 공격 적극성에서 내가 위였다. 조금 더 집중력을 발휘했다면, 또 하빕의 타격을 얕잡아 보지 않았다면 지금쯤 전혀 다른 결과를 맞이했을지도 모른다. 하빕의 타격을 신경 쓰지 않았다. 면밀히 준비하지도 않았다. 오직 '레슬러 하빕' '그래플러 하빕'에만 신경을 쏟고 대비했다. 다시는 이런 실수를 반복하지 않을 것"이라고 하면서 "난 이런 싸움을 할 수 있었다는 것에 큰 기쁨을 느낀다. 다시 높은 확신을 가지고 돌아올 거다. 이번에는 치열한 준비를 통해 자신감을 회복한 뒤 재대결하고 싶다. 지금 당장 재대결이 이뤄지지 않아도 상관없다. 난 제대로 줄을 서서 다음 상대를 만날 것이다. 곧 보자, 내 팬들아. 난 너희 모두를 사랑한다"라고 말했다.

FEDOR EMELIANENKO
VS UFC RANKER

1

전성기 표도르 vs UFC 헤비급 랭커

한 분야에서 역사상 가장 위대한 인물이나 작품을 고트(G.O.A.T.)라고 부른다. Greatest Of All Time의 앞 글자를 딴 말이다. MMA 고트를 꼽을 때 자주 언급되는 파이터가 '얼음 황제' 표도르 예멜리야넨코다. 표도르는 유도와 삼보를 기본으로, 타격을 입힌 전천후(Well-rounded) 파이터였다. 2000년부터 47전 40승 6패 1무효 전적을 쌓았다. 2003년부터 2007년까지 프라이드 헤비급 챔피언을 지냈다. TV 프로그램 무한도전이나 스타킹에 출연해 푸근한 옆집 아저씨 같은 매력을 뽐냈다. 표도르는 미르코 크로캅, 반더레이 실바, 마우리시오 쇼군 등 다른 프라이드 출신 파이터들과 다르게 UFC에 진출하지 않았다. 표도르 측은 M-1 글로벌이라는 러시아 단체를 오가며 활동하길 원했으나, UFC가 이 조건을 받아들이지 않았다. 그래서 표도르가 전성기 시절인 2007~2009년 UFC에서 활동했다면 챔피언이 될 수 있었을까 궁금해하는 팬들이 많다. 결론부터 말하면 충분히 가능했다. 챔피언급 랜디 커투어, 안토니오 호드리고 노게이라, 브록 레스너, 프랭크 미어, 셰인 카윈 등은 표도르가 스피드로 공략할 수 있는 상대들이었다. 레스너의 경우 타격을 두려워했기 때문에 표도르의 특기인 펀치 연타로 잡을 수 있었다고 본다. 설사 테이크다운을 허용해도 가드 포지션에서 암바 등 서브미션이 가능했다.

그런데 2010년 UFC 챔피언에 오르는 케인 벨라스케즈부터는 얘기가 다르다. 기존 강자들이 개성적인 파이터, 즉 스트라이킹-그래플링 밸런스가 한쪽으로 치우친 스타일이었다면 벨라스케즈는 안정된 타격과 안정된 레슬링을 지니고 있어서 표도르가 까다롭게 느낄 강자였다. 표도르는 2000년대 기준으로 완벽에 가까운 파이터였으나, 2010년대 기준으로 봐선 레슬링에 허점이 많은 파이터였다. 벨라스케즈는 그 틈을 공략할 수 있었다.

MMA 기술 체계는 빠르게 진화했다. 지금 UFC 헤비급 랭커들은 전성기 표도르의 타격에 대응할 만한 타격의 깊이가 있다. 그래플링에서도 밀리지 않는다. 전성기 표도르는 냉정하게 현재 UFC 톱 10에 들기도 버겁다. 20년 전 최강자는 20년 전 최강자일 뿐이다. MMA가 대중적인 인기를 끌면서 이 바닥으로 들어오는 재능 있는 유망주들의 숫자도 늘어났다. 그중에서 살아남은 강자들이니 예전 강자들하고는 격차가 있다.

👊 **WHO WILL WIN?** 👊 가슴이 웅장해지는 가상 매치업

MIKE TYSON
VS ALEXANDER KARELIN

2

마이크 타이슨 vs 알렉산더 카렐린

전성기 마이크 타이슨은 거칠 게 없었다. 1990년 버스터 더글라스에게 KO로 지기 전까지 37승 무패를 달리고 있었고 WBA WBC IBF 통합 챔피언에 올라 있었다. 키 178cm의 단신이지만 상체 위빙과 더킹이 빨랐고 두려움 없이 상대 품 안으로 들어가 던지는 어퍼컷이 일품이었다. 알렉산더 카렐린은 1988년부터 1996년 올림픽 3연패를 차지한 그레코로만형 레슬링 최강자였다. 키 191cm의 거구로 130kg에 달하는 레슬러들을 번쩍 들어올려 바닥에 메치곤 했다.

MMA로 전성기 타이슨과 전성기 카렐린이 맞붙는다면 어떤 결과가 나올까? 9대 1로 카렐린이 우세하다. 타이슨은 카렐린이 달라붙기 전에 한 방으로 경기를 끝내야 하는데 그 확률이 높지 않다고 보기 때문이다. 일단 클린치를 잡히면 타이슨은 할 게 없다. 바다로 끌려 들어간 사자처럼, 바닥에서 꼼짝없이 당할 수밖에 없다. 이미 UFC 역사에서 증명됐다. MMA에선 극단적인 그래플러가 극단적인 타격가보다 훨씬 유리하다. 일격필살이 나오지 않는 이상, 그래플러가 이기는 그림이 많이 나왔다. 월드클래스 복서와 월드클래스 킥복서가 붙는다면 어떨까? 어떤 룰인지가 중요하다. 복싱으로 붙으면 킥복서가 복서를 이기기 어렵다. 플로이드 메이웨더에게 도전한 나스카와 텐신처럼 처참하게 깨질 뿐이다. 그러나 킥복싱이라면 반대가 된다. 킥 거리는 펀치 거리보다 길다. 펀치가 닿지 않는 거리에서 날아오는 킥에 복서는 만신창이가 될 확률이 높다. 자연스럽게 MMA로 확장해 보면 킥복서가 유리하다는 걸 알 수 있다. 둘 다 그래플링 기본기가 전혀 없다고 가정하면, MMA는 킥을 마음껏 쓸 수 있는 킥복싱 룰에 가까워지기 때문이다.

🤜 WHO WILL WIN? 🤛 가슴이 웅장해지는 가상 매치업

AMANDA NUNES
VS DEIVESON FIGUEIREDO

3

아만다 누네스 vs 데이베손 피게레도

2015년 해설 위원 조 로건은 당시 UFC 여성 밴텀급 챔피언 론다 로우지가 UFC 남성 밴텀급 로스터 중 50%를 이길 수 있다고 말해 논란의 중심이 됐다. 자존심에 상처가 난 남성 파이터들이 격하게 반응했다. 플라이급 이안 맥콜은 "로우지가 아무리 강해도 남성 파이터를 이길 수 없다"고 반박했다. 여성 파이터는 투기 스포츠에 문외한인 일반 남성을 제압할 수 있다. 그러나 프로 파이터들 사이 남녀 성대결은 다르다. 특히 전 세계 강자들이 모이는 UFC에선 불가능에 가깝다. 조 로건의 의견에 반대한다. 근력 차가 너무 많이 나서 UFC 여성 밴텀급 최강자가 UFC 남성 플라이급 새내기도 넘기 힘들다.

아만다 누네스는 UFC 여성 파이터 중 가장 강하다. 밴텀급에 이어 페더급 정상도 차지했다. 시원시원한 타격에 진득진득한 그래플링도 갖췄다. 그럴더라도 남성 페더급에 온다면, 1승도 거두기 힘들다. 체격 차와 근력 차가 너무 난다. 남성 밴텀급과 플라이급에서도 마찬가지다. 플라이급 최강자 데이베손 피게레도와 붙으면 일방적인 경기가 될 것이다. 여성의 능력을 무시하는 게 아니다. 스포츠에서 남녀를 구분하는 데는 분명한 이유가 있다.

04

나이스 가이

2020 40초 승리

코너 맥그리거는 축구 선수 크리스티아누 호날두를 2016년 7월 처음 만났다. 맥그리거가 8월 20일 UFC 202에서 네이트 디아즈와 2차전을 펼치기 위해 마련한 미국 라스베이거스 훈련장에 호날두가 깜짝 방문했다. 유로 2016에서 포르투갈을 우승으로 이끈 호날두는 미국으로 휴가를 온 김에 UFC에서 가장 '핫'한 파이터와 얼굴을 트고 싶었다. 가수 겸 배우 제니퍼 로페즈의 생일파티에 가기 전 맥그리거에게 들렀다. 최고의 스포츠 스타가 만나보고 싶어 할 만큼 당시 맥그리거는 엄청나게 뜨고 있었다. 서로의 팬이라 반갑게 환담을 나눈 맥그리거와 호날두. 그런데 여기서 맥그리거가 갑자기 '포브스 랭킹'을 화제로 꺼냈다. 포브스는 세계적인 경제 전문지로 정기적으로 부자 순위를 발표하는 것으로 유명하다. 전 세계, 전 종목 운동선수들의 연간 소득을 추산해 랭킹을 매기기도 한다.

당시 포브스가 발표한 운동선수 연간 소득 1위는 8,800만 달러, 우리나라 돈 약 1,000억 원을 번 호날두였다. △2위 리오넬 메시(축구) △3위 르브론 제임스 (농구) △4위 로저 페더러(테니스) △5위 케빈 듀란트(농구) △6위 노박 조코비치 (테니스) △7위 캠 뉴튼(미식축구) △8위 필 미켈슨(골프) △9위 조던 스피어스 (골프) △10위 코비 브라이언트(농구) 순이었다. 쟁쟁한 이름들 사이에 맥그리거가 낄 수만 있어도 영광일 텐데, 1위를 넘보다니! 역시 포부가 원대한 맥그리거였다. 맥그리거는 목표를 잡으면 구체적인 그림을 머릿속에 그린다.

Conor Mcgregor

Mcgregor 전용기가 있지?

Ronaldo 지금 내 소유는 아닌데,
이번에 타고 온 건 좀 크거든.
내가 살 거야.

Mcgregor 나도 언젠가 전용기를 사려고.
하하하.

Ronaldo 하하하.

Mcgregor 넌 지금 포브스 랭킹 1위지.
난 아마 35위쯤 될 텐데 더 올라갈 거야.
아마 내년엔 널 따라잡을 수 있겠지.
하하하.

Ronaldo 글쎄. 안 될걸? 하하하.

Cristiano Ronaldo

①구체화된 목표를 동기부여로 삼는다. ②방향성을 갖고
모든 에너지를 쏟아부으며 노력한다. ③그러면 목표를
이룰 수 있다.

이것이 말하는 대로 실현하는 '미스틱 맥'의 비밀이다.
맥그리거는 단순히 "부자가 되겠다"가 아니라 "부자가 돼
호날두를 제치고 포브스 랭킹 1위가 되겠다"라는 구체적인
목표를 세운 것이다.

놀라운 일은 5년 후에 펼쳐졌다. 장난처럼 던진 말이 현실이
됐다. 물론 4년이 더 걸리긴 했지만, 어찌 됐든 미스틱 맥이
또 해냈다. 맥그리거는 2021년 포브스가 발표한 운동선수
연간 소득 1위로 올라섰다. 위스키 사업을 키워 번 돈은
1억 8,000만 달러, 우리나라 돈 약 2,000억 원이었다.
호날두는 메시에 이어 3위에 올랐다. 추정 소득은
1억 2,000만 달러였다. 맥그리거는 △2위 리오넬 메시(축구)
△3위 크리스티아누 호날두(축구) △4위 닥 프레스콧
(미식축구) △5위 르브론 제임스(농구) △6위 네이마르(축구)
△7위 로저 페더러(테니스) △8위 루이스 해밀턴(F1) △9위
톰 브래디(미식축구) △10위 케빈 듀란트(농구) 등
슈퍼스타들을 제치고 톱을 찍었다.

프로퍼 트웰브

자기 PR을 통해 개인 브랜드를 만들고 UFC 경기로 큰돈을
번 맥그리거의 사업 수완은 옥타곤 밖에서도 빛났다.
2018년 아일리시 위스키 '프로퍼 트웰브(Proper Twelve)'를
론칭했다. 맥그리거가 나고 자란 더블린 크럼린의 우편구별
지역 번호가 12인 것을 착안해 이름 붙였다고 한다. 3년을
숙성한 술이지만 12년산인 것처럼 보이려는 교묘한
상술이라는 '설'도 있다. 2018년 9월부터 아일랜드와
미국에서 판매를 시작해 2019년 영국, 호주, 뉴질랜드,
러시아, 캐나다로 진출했다. 가격은 온라인에서 3~4만 원
정도이다.

맥그리거는 자신의 이름값을 높인 것처럼 프로퍼 트웰브의
이름값을 높여 나갔다. 전 세계 팬들이 관심을 모은 2018년
10월 하빕 누르마고메도프와 라이트급 타이틀전을 홍보
기회로 삼았다. 생중계되는 기자회견에 이 위스키를 병째
들고 나와 홀짝홀짝 마셨다. 무슬림이라 술을 먹지 않는
하빕에게 마셔 보라고 권유하기도 했다. 맥그리거는 데이나
화이트가 "맥그리거 위스키 프로퍼 트웰브가 UFC 229 공식
스폰서 브랜드"라고 발표하자 환호하며 "다시 한번 말해
달라"고 외쳤다. 또한 트위터나 인스타그램 등 SNS를 적극
활용했다. 2019년 6월엔 "UFC에서 11번 경기를 가졌다.

다음은 12번째"라며 복귀를 예고했다. 진짜 목적은 '12'라는
숫자를 강조하며 위스키를 홍보하는 것이었다. 입소문
전략도 썼다. 위스키가 날개 돋친 듯 팔린다고 떠벌리고
다녔다. 2019년 미국에서만 10억 달러 이상 매출을
올렸다고 주장했다. 몸집을 키우는 과정이었다.

2021년 3월 맥그리거는 프로퍼 트웰브를 데킬라 브랜드
호세 쿠에르보의 모기업 베클(Becle)에 매각했다. 베클은
프로퍼 트웰브를 론칭할 때 20% 지분을 갖고 있었는데,
맥그리거와 그의 매니저 오디 아타가 소유한 나머지
80%까지 사들였다. 맥그리거는 현재 프로퍼 트웰브 사업엔
관여하지 않고 홍보대사로만 활동 중이다.

부자가 된 맥그리거는 2016년 호날두에게 했던 말대로
전용기를 타고 다닌다. 2022년 2월 고급 전용기 사진을
SNS에 올려 자랑했다. '걸프스트림 G550'이라는 모델로
가격은 약 750억 원이라고 한다. 맥그리거는 잉글랜드
프리미어리그의 명문팀 첼시 인수에도 관심을 보였다.
10년 만에 '급'이 달라졌다.

비단 이불과 헝그리 정신

UFC 해설 위원 중 최고참은 코미디언 조 로건이다. 로건은

1997년 2월 UFC 12에서 선수를 인터뷰하는 리포터로
UFC와 첫 인연을 맺었다. 5년 뒤인 2002년 6월 화이트에게
해설 위원으로 데뷔해 보라는 제의를 받고 중계석에 앉았다.
"일회성 제의로 여기고 다시는 안 하게 될 줄 알았다"라고
말하지만, 지금은 UFC 간판 중 한 명이다. 로건은 2009년
부터 '조 로건 익스피리언스(Joe Rogan Experience)'라는
팟캐스트 라디오 방송을 진행했다. 재치 있는 진행과
놀라운 섭외력으로 팟캐스트 대표 프로그램으로 성장시켰다.
세계 최대 음원 사이트 스포티파이가 이 프로그램을 3년 반
동안 독점 계약하는 데 약 2,400억원을 썼을 정도다. 거물로
성장한 로건은 UFC PPV 대회 해설을 도맡고 있다.
'덕업일치'의 표본이다. 덕업일치의 표본은 이렇게 말한다.
"손을 뻗으면 케이지가 닿을 정도로 가까운 거리에 앉아서
해설을 한다. 케이지 바로 옆에서 관람할 기회는 드물다.
불과 몇 미터 옆에서 종합격투기 역사에 길이 남을 경기들을
지켜볼 수 있었다."
조 로건의 경우는 특별한 케이스이고, 나머지 해설 위원
라인은 UFC 파이터 출신들로 채워져 있다. 전 헤비급
라이트헤비급 챔피언 다니엘 코미어, 전 밴텀급 챔피언

도미닉 크루즈, 전 라이트급 파이터 폴 펠더가 돌아가면서
PPV 대회와 파이트 나이트 대회를 중계한다. 전 미들급
챔피언 마이클 비스핑도 그중 하나다. 비스핑은 1
979년생으로 영국을 대표하는 선수였다. 2004년부터
2017년까지 39전 30승 9패 전적을 쌓았다.
크리스 와이드먼의 긴급 대타로 들어간 2016년 6월
UFC 1999에서 루크 락홀드를 꺾는 이변을 일으키고 미들급
챔피언에 올랐다. 지금이야 '나이스 가이'가 됐지만 비스핑은
선수 시절 성질이 고약했다. 상대에게 독설을 일삼고
몸싸움을 걸기 일쑤였다. 쿠바 국기를 찢어 요엘 로메로와
쿠바 이주민 2세 호르헤 마스비달과 견원지간이 되기도
했다. 맥그리거와 결이 비슷했다. 성장 과정도 판박이다.
아무도 인정하지 않던 파이터라는 직업을 선택해 가난했다.
하지만, UFC 챔피언이라는 꿈을 버린 적이 없었고 결국
정상에 섰다. 어렸을 때 만난 아내가 물심양면 지원했다는
것도, 자녀가 3명이 있다는 것도 닮았다.
그래서일까. 비스핑은 맥그리거가 헝그리 정신을 갖고
살기를 뿜던 과거로 돌아갈 수 없다고 진단했다. 2021년
8월 인터뷰 내용이다. "맥그리거는 돈을 많이 벌었다.

1억 달러짜리 요트를 띄우고 100만 달러짜리 시계를 찬다.
기사가 운전하는 롤스로이스를 타고 다닌다.
에반더 홀리필드가 말했지. 비단 이불에서 자면 아침 6시에
일어나 러닝 하기가 힘들어진다고. 파이터들은 배고프고,
출세를 꿈꾼다. 아마도 파이터들 대부분 비슷한 부류일
것이다. 싸우는 게 유일한 희망이다. 싸워서 번돈으로 삶을
바꾸고자 한다. 맥그리거는 이미 큰돈을 벌었다.
다시 무일푼으로 돌아갈 일은 없다. 독설이 아니다.
현실이 그렇다는 거다."

나이스 가이

맥그리거는 2018년 10월 UFC 229에서 하빕에게 완패한 뒤
"돌아오겠다"고 약속했지만 위스키 사업 등 외부 활동에
열과 성을 쏟았다. 비단 이불에서 자고 있어서 아침 러닝이
힘들어진 것 같았다. 조절이 힘든 분노도 문제였다. 2019년
자신이 권한 술을 거부한 50대 남성에게 주먹을 휘두른
사건, 자신을 찍은 팬의 스마트폰을 빼앗아 부숴 버린
사건으로 구설수에 올랐다. 2019년 말이 돼서야 복귀 각을

잡고 꿈틀거리기 시작했다. 2020년 1월 18일 라스베이거스
에서 열리는 UFC 246 메인이벤트에서 '카우보이' 도널드
세로니와 웰터급 경기를 갖기로 했다.
MMA나 복싱에선 재기전이라는 게 있다. 중요한 경기에서
패배한 스타 파이터에게 다시 일어날 기회를 주는 성격의
경기다. 상대가 어떤 선수인지가 관건이다. 너무 약하지도
않아야 하지만 너무 세지도 않아야 한다. 인지도가 높다면
더 좋다. 팬들에게 '이 정도 레벨은 충분히 잡는구나.
다시 타이틀에 도전할 수 있겠네'라는 느낌을 줘야 하니까.
세로니는 '5분 대기조'로 명성이 높았다. 출전 선수가
부상으로 빠지면 대체 선수로 자주 들어갔다. 결원이 생기면
기다렸다는 듯 "싸울 수 있는 한 남자를 알고 있다"면서
손을 높이 들었다. 자주 경기를 뛰었다. 당시 UFC 최다승인
23승을 달성한 상태였고 최다 피니시승인 16승 기록도
가지고 있었다. 팬들에게 무척 친근한 이미지였다.
세로니는 맥그리거 재기전 상대로 안성맞춤이었다.
세로니는 전성기를 지나 기량이 떨어지고 있었다. 2016년
라이트급에서 웰터급에 올라갔다가 6승 4패 전적을 쌓았다.
2019년 라이트급으로 돌아와서 2연승 후 2연패 중이었다.

토니 퍼거슨과 저스틴 개이치 등 상위 랭커에게 힘도
못 쓰고 TKO로 졌다. 내림세가 뚜렷했다.

오랜만에 복귀한 맥그리거의 폭발력은 그대로였다.
맥그리거는 세로니를 경기 시작 40초 만에 눕혔다.
클린치에서 어깨를 올려 쳐서 안면을 공격하는 '숄더
스트라이킹'으로 기선을 잡았다. 충격을 입은 세로니에게
하이킥을 찼고 펀치 연타로 경기를 끝냈다. UFC 역사상
최초로 세 체급에서 KO승을 거둔 선수로 이름을 올린
맥그리거는 "웰터급에서 컨디션이 좋지만 내가 있던 곳으로
돌아갈 것"이라고 했다. 목표는 타이틀전, 상대는
하빕이었다. 화이트도 '세기의 대결' 시즌 2를 예고했다.
"맥그리거는 개인적인 일들을 정리했고 몸 상태도 100%
가깝게 회복했다. 이제 하빕과 재대결에 전력을 쏟을 수
있게 됐다"라고 말했다.

그런데 40초 승리만큼 사람들을 놀라게 한 게 있다.
맥그리거가 변했다. 지금까지 살펴본 맥그리거는 경기를
앞두고 망나니가 되곤 했다. 각종 도발로 상대에게
심리전을 걸었다. 기자회견이나 계체측정 땐 그림을
만들려고 신체적인 접촉도 불사했다. 조제 알도의 벨트를
가로챘고, 네이트 디아즈와는 물병 싸움도 했다. 하빕에겐
발차기를 날렸다. 꼭 하나씩 그림을 만들었다. 돌아온
맥그리거는 양반이었다. 사람이 이렇게 바뀌어도 될까 싶을
정도로 '젠틀' 했다. UFC 246 기자회견과 계체측정에서
맥그리거는 세로니에게 목례를 하고 악수를 청했다. "어떻게
세로니를 존중하지 않을 수 있겠는가. 오랫동안 싸워 온
베테랑이고 여러 체급을 경험하기도 했다. 그와 싸울 수
있어 기쁘다"라고 말했다. 승리를 결정하고 나선 패배에
고개 숙인 세로니를 안아줬다. 헝그리 정신이 사라진 건지,
철이 든 건지 몰랐지만 맥그리거의 변화는 꽤나
당황스러웠다. 그리고 이건 시작에 불과했다.

악인전
2021 포이리에 트릴로지

잊고 싶은데 잊히지 않는 날이 있다. 2014년 9월 27일. 더스틴 포이리에에겐 그런 하루였다. 요란하기만 한 빈 수레인 줄 알았다. 하지만 결과는 처참했다. 포이리에는 떠버리에게 1라운드 1분 46초 만에 KO패 했다. 그때를 다시 떠올리면 너무 흥분했다. 끓어오르는 감정에 휘둘렸다. 심리전의 고수 코너 맥그리거에게 완전히 말렸다는 걸 인정했다.

"2014년 맥그리거와 처음 맞붙었던 UFC 178은 큰 이벤트였다. 그때까지 내가 출전한 대회 중 가장 컸다. 홍보가 많이 돼 사람들의 관심이 쏟아졌다. PPV 대회 홍보 영상을 촬영하기도 했다. 선수 생활 중 여러 일들을 경험했지만 맥그리거와 신경전은 새로운 과제였다. 실력으로 눌러 버리고 싶었다. 맥그리거가 한 트래시 토크에 책임을 지게 하고 싶었다. 그런데 빠르고 강한 펀치를 맞았고 상처 입었다. 내가 졌다."

'미스틱 맥'이란 별명이 여기서 유명해졌다. 맥그리거는 옥타곤 인터뷰에서 "내가 1라운드에 포이리에를 KO로 이길 것이라고 하지 않았나. 실제로 1라운드에 끝냈다. 여러분은 날 미스틱 맥이라고 불러도 좋다. 난 경기 결과들을 미리 볼 수 있거든!"이라고 외쳤다. 포이리에는 터덜터덜 백스테이지로 걸어 나가면서 맥그리거의 카랑카랑하고 당당한 승리 소감을 듣고 있었다. 속이 쓰렸다. 이날은 잊고 싶지만 잊으면 안 되는 날이었다.

패자의 이야기

그날의 승자 맥그리거는 부스터를 달고 미친 듯 속도를 올렸다. 나중에 상상 그 이상의 위치에 도달했다. 이번엔 패자의 이야기를 시작한다. 포이리에는 충격 속에서 헤어 나오지 못했다. 첫 패배는 아니었다. 대니 카스티요, 정찬성, 컵 스완슨에게 고배를 마신 적이 있다. 그런데 이번엔 자신을 의심할 정도로 흔들렸다. 파이터들은 패배 후 변명거리를 찾는다. 웬만해선 "실력에서 밀렸다"라며 완패를 인정하지 않는다. 감량 탓, 컨디션 탓 등 패인을 여러 군데서 찾는다. 팬들은

이해하지 못하는 파이터들의 특징이다. 사나이 다운 맛이 없다. 그렇다고 그냥 핑계는 아니다. 아무래도, 스스로를 부정하지 않기 위해서라고 봐야겠다. 완패를 인정하는 순간, 자신을 그 정도의 파이터밖에 안 된다고 규정짓게 된다. 그래서 여러 파이터들은 '난 이길 수 있는 가능성을 충분히 가졌는데 그날은 잘 안 풀렸다'로 결론 낸다. "열 번 붙으면 아홉 번 이기는데, 오늘이 하필이면 나머지 한 번이었다"라는 말은 베스트셀러며 스테디셀러다. 황당한 핑계도 있다. 파울로 코스타는 2020년 9월 UFC 253에서 이스라엘 아데산야에게 진 걸 와인 탓으로 돌렸다. "전날 잠이 안 와서 와인 한 병을 마시고 잤다. 술기운으로 싸웠다."라고 말했다. 어찌 됐든 마지막은 "다시 붙으면 이길 수 있다"로 귀결된다. 그렇게 마음을 다잡은 뒤, 환경을 바꾸는 것도 방법이다. 팀을 옮기거나 코치를 교체한다. 활동 체급을 변경하는 경우도 있다. 감량 폭이 커 컨디션 저하가 경기력 저하로 나타났다고 판단하면 체급을 올리고, 상대적으로 작은 체격이 불리하다고 생각하면 체급을 내린다. 포이리에는 전자였다. 아메리칸 탑 팀의 코치 마이크 브라운은 "말도 안 되는 다이어트를 하고 있던 때다. 티스푼으로 재면서

음식을 먹었다. 포이리에에게 좋을 게 없다는 걸 알았다. 체급을 올리면 신체 내구력이 나아질 것이라고 믿었다"라고 떠올렸다. 절친한 동료 호르헤 마스비달도 "넌 라이트급에서 더 강해질 거야"라고 조언했다.

2009년 프로 데뷔해 2010년까지 라이트급으로 활동하다가 2011년 UFC와 계약하면서 페더급으로 체급을 내린 포이리에는 맥그리거에게 지고 2015년부터 다시 라이트급으로 올라갔다. 결과적으로 이 결정은 옳았다. 맥그리거에게 진 경험이 약이 된 것 같았다. 앤소니 페티스, 저스틴 개이치, 에디 알바레즈 등 강자들을 차례대로 잡았다. 2019년 4월 UFC 236에선 맥스 할로웨이를 판정으로 꺾고 UFC 잠정 챔피언이 됐다. 시련을 딛고 올라온 포이리에는 챔피언 벨트를 허리에 감고 감격의 눈물을 콸콸 쏟았다. 맥그리거에게 지고 4년 7개월, 이날 역시 잊을 수 없는 날이었다.

운명의 재대결

맥그리거는 도널드 세로니에게 40초 KO승을 거두고

2020년 6월 또 양치기 소년이 됐다. "여러분 난 이제 격투기에서 은퇴하기로 결정했다. 놀라운 추억을 남겨 줘서 모두에게 고맙다. 멋진 여정이었다. 당신의 꿈을 좇길 바란다"라고 트위터에 썼다. 세 번째 은퇴 선언. 2016년 기자회견 참석에 불응하면서, 중간에 언급되지 않았지만, 2019년엔 UFC 지분을 요구하면서 안녕을 고한 바 있다. 그런데 모두 언론 플레이에 지나지 않았다. 몸값을 올리기 위한 협상 카드였다. 곧 아무렇지도 않게 복귀를 결정하곤 했다. 세 번째 은퇴 선언을 곧이곧대로 믿은 사람은 없었다. 맥그리거가 "늑대가 나타났다" 외친 이유는 이번에도 자신의 요구가 관철되지 않았기 때문이다. 그가 원한 경기는 개이치와 잠정 타이틀전 아니면 앤더슨 실바와 슈퍼 파이트였다. "날 들뜨게 할 만한 것이 없다. 왜 하빕 누르마고메도프와 개이치의 경기를 9월로 미뤘나? UFC는 나와 개이치의 잠정 타이틀전을 성사했어야 했다"라고 주장했다. 또 "사람들은 실바가 늙고 전성기가 지났다고 하는데, 라이트헤비급에서도 뛰었던 전 미들급 챔피언 GOAT(역사상 가장 위대한 선수)와 싸우는 게 의미가 없는 것인가?"라고 따졌다.

UFC 타이틀전이 아니면 돈이 될 만한 슈퍼 파이트를 원했던 맥그리거는 UFC가 자신이 바라는 경기를 잡아 줄 생각이 없다는 걸 확인하고 독자 행보를 걸었다. 복싱 쪽으로 눈을 돌렸다. 8체급 챔피언에 오른 레전드 복서 매니 파퀴아오와 대결을 추진했다. 물밑 협상이 꽤 진행된 듯 보였다. 2020년 9월 맥그리거의 에이전시 패러다임스포츠는 "내년 서아시아에서 맥그리거와 파퀴아오의 복싱 경기가 열릴 전망"이라고 밝혔다. 분위기가 무르익고 있었다. 플로이드 메이웨더 때와 마찬가지로 UFC는 이 상황이 탐탁지 않았다. 맥그리거가 파퀴아오와 따로 접촉하는 걸 가만히 두고 볼 수 없었다.

계약 내용을 근거로 맥그리거의 외도를 불허했다. 대신 새 상대를 제시했다. 바로 포이리에였다. 아버지 압둘마나프가 코로나바이러스감염증으로 세상을 떠난 뒤 챔피언 하빕이 2021년 10월 UFC 254에서 개이치를 트라이앵글초크로 이기고 은퇴를 확정했다. 하빕이 없는 UFC 라이트급에서 맥그리거에게 가장 도전적인 과제를 줄 상대가 바로 그였다. 2020년 11월 15일 둘의 재대결이 확정 발표됐다. 2021년 1월 23일 아랍에미리트 아부다비에서 열리는 UFC 257 메인이벤트였다.

재미있는 '설'이 있다. 맥그리거가 포이리에와 재대결을 받아들인 이유에 대한 이야기다. 포이리에는 왼손잡이로 복서형 타격가다. 맥그리거가 펀치에 일가견 있는 포이리에를 이겨야 파퀴아오와 복싱 대결이 성사될 수 있었다는 후문이 돌았다. 나중에 맥그리거에게 크나큰 자충수가 되는 복싱 스탠스는 파퀴아오와 대결을 염두에 둔 선택이었다는 말이 있다. 반면 와신상담하며 재대결을 기다린 포이리에는 무조건 오케이였다. 잊을 수 없는 그날의 상처를 씻을 수 있는 기회였다.

순한 맛

'식스센스'급 반전이 기다리고 있었다. 물론 세로니와 대결에서 복선이 깔려 있었지만, 6년 4개월 전을 기억하는 팬들이라면 두 눈을 의심할 수밖에 없는 장면들이 펼쳐졌다. 맥그리거가 '순한 맛'이 됐다. 칼칼한 맛이 사라졌다. 기자회견에 선글라스가 아닌 안경을 쓰고 나왔다. 증권사 펀드매니저 같은 정갈한 신사 이미지였다. 입도 고급이 됐다. 트래시 토킹이 사라졌다. 으르렁거리지 않았다. 기자회견에서 포이리에 칭찬 일색이었다. "포이리에는

내게 졌지만 곧바로 다시 일어나 라이트급 톱클래스에
위치해 있지 않은가? 그런 선수와 다시 만나다니 기대된다."
'지킬 박사'가 된 맥그리거는 포이리에가 만든 핫소스 제품
홍보도 해 줬다. "포이리에가 갖고 있는 핫소스 브랜드
제품을 꼭 맛보고 싶다. 나도 프로퍼 트웰브 한 병을 준비해
놓겠다" 산전수전을 겪으며 감정에 휘둘리지 않게 된 베테랑
포이리에가 답례했다. 맥그리거의 선행을 널리 알렸다.
"맥그리거 측에서 내게 연락했다. 내가 운영하는 자선 단체
'굿 파이트 파운데이션'에 기부하겠다고 했다. 기부금으로
좋은 일을 많이 할 수 있을 것이다. 맥그리거에게 남자 대
남자로 감사의 말을 전한다." 다음날 UFC 257 계체에서
브로맨스 영화 같은 장면이 이어졌다. 포이리에가
맥그리거에게 핫소스 한 병을 건넸다. 맥그리거는 깜짝
선물을 받고 호탕하게 웃으며 포이리에와 어깨동무를 했다.
1탄은 스릴러 무비였는데, 2탄은 버디 무비였다.
맥그리거가 원래 이런 성품의 소유자였나? 지금까지 흥행을
위해 일부러 '하이드 씨'가 된 것인가? 아니면 본성을 숨기고
개과천선한 것처럼 가면을 쓴 것일까? 도무지 알 수 없지만

이 변화에 결정적인 역할을 한 존재는 짐작할 수 있다.
맥그리거의 아이들이다. 맥그리거는 데블린과 세 명의
자녀를 뒀다. 첫째는 아들 코너 맥그리거 주니어, 둘째는 딸
코로이아 맥그리거, 셋째는 아들 리안 맥그리거다.
맥그리거는 데블린의 뱃속에 있던 셋째를 포함해 세 명의
아이들을 모두 아부다비로 데리고 왔다. 직장에 함께 온
아이들에게 망나니짓을 보여 줄 아버지는 없다. 존경할 만한
아버지를 보여 주고 싶었던 게 아니었을까 생각한다.
하지만, 문제는 옥타곤 밖에서만 '순한 맛'이 아니라는
점이었다. 옥타곤 안에서도 매콤한 향이 없었다. 맥그리거는
허리를 꼿꼿하게 세우고 스텝으로 거리를 잡아 나가는
업라이트 스탠스를 취해 왔다. 잽과 스트레이트뿐 아니라
원거리 발차기를 잘 활용했다. 그런데 이번엔 상체 무게
중심이 앞으로 쏠린 복싱 스탠스를 선택했다. 어색하기
그지없었다. 발차기를 차기가 어려웠을 뿐 아니라
포이리에의 카프킥도 쉽게 허용했다. 킥에는 상대 머리를
공격하는 하이킥, 몸통을 공격하는 미들킥, 다리를 공격하는
로킥이 있다. 로킥 중에서도 무릎 아래인 정강이를 차는

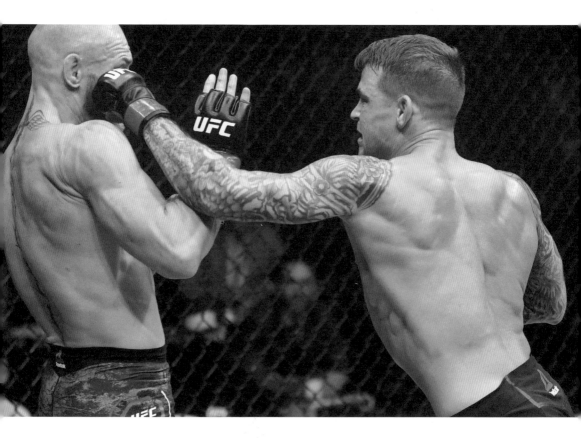

공격을 카프킥이라고 부른다. 킥 캐치를 당할 염려가 없고
상대의 스텝을 잡을 수 있다는 점에서 최근 널리 쓰인다.
맥그리거는 카프킥 대비가 부족했던 대가를 치르고 있었다.
정강이가 벌겋게 달아오르며, 서서히 침몰했다. 맥그리거는
포이리에의 계속된 카프킥 연타에 오른쪽 다리가 무거워져
스텝을 뗄 수 없었고 결국 2라운드 2분 32초, 펀치를 맞고
쓰러졌다. 프로 데뷔 후 처음으로 KO패를 경험했다.
스트라이커의 자존심이 땅에 떨어졌다.

이날만큼은 끝까지 신사적이었다. 졌지만 웃음을 잃지
않았다. 맥그리거는 기자회견에서 "다리가 움직이지 않았다.
포이리에가 대단했다. 좋은 테이크다운을 시도했다.
포이리에를 축하하고 싶다. 내겐 아무런 변명거리가 없다"
라면서 "당연히 재기하겠다. 훌훌 털고 새로운 도전을
준비하겠다"라고 덧붙였다. 맥그리거 답지 않은 모범적인
답이었다. 백스테이지에서 다리 부상으로 목발을 짚고
다니면서도 포이리에와 만나 악수를 나눴다. "정말 좋은
카프킥이었어. 이기지 못한 상대를 다시 만나 싸우는 건
대단한 용기가 필요한 일이야"라며 칭찬했다. 포이리에의

아내 졸리 포이리에게도 "당신은 좋은 여자야"라고
인사했다. 앞으로도 살기등등한 맥그리거는 볼 수 없을 것
같았다.

리부트

파퀴아오와 복싱 경기 가능성은 날아갔다. 맥그리거가
포이리에에게 타격으로 졌기 때문에 파퀴아오와 대결
명분을 잃었다는 분석 기사가 나왔다. 맥그리거는 미련을
버리고, 빠르게 다음 목표를 설정했다. 역시 한 번 지고는
못 사는 성격. 포이리에와 3차전을 겨냥했다. 디아즈와
2차전 준비 과정을 떠올리면 맥그리거가 포이리에와 삼세판
마지막 경기를 어떻게 대비할지 예상할 수 있었다.
맥그리거는 7월 10일 미국 라스베이거스 UFC 264
메인이벤트 포이리에 3차전을 앞두고 마음가짐을 '리부트'
한다고 밝혔다. "케이지 워리어스 챔피언이 됐을 때, UFC
챔피언이 됐을 때처럼 훈련에 올인한다"라고 했다.
포이리에는 강해져서 돌아오겠다는 맥그리거의 말에 환영의

뜻을 나타냈다. "나 역시 이번 경기를 느슨하게 준비하지 않는다. 7월 11일 옥타곤 중앙에서 너와 부딪히겠다"라고 응답했다. 맥그리거는 "그런 얘기를 들으니 좋다. 그러길 바란다. 지난번에는 경기 시작 30초 만에 뒤로 물러나다가 태클을 걸지 않았는가. 네가 원한다면, 난 시작부터 중앙에서 싸울 것이다. 너도 알잖아. 이번에는 여러 전술도 준비하겠다. 조만간 보자고 친구"라고 맞장구쳤다.

유도 선수 윤동식은 2005년 프라이드와 계약했다. 데뷔전 상대는 27전이나 치른 베테랑 사쿠라바 가즈시. 막 첫발을 들인 신예가 맞붙기엔 버거운 파이터였다. 결과는 불 보듯 뻔했다. 윤동식은 사쿠라바의 펀치에 당황해 유도 거북이 자세를 취하고 38초 만에 TKO패 했다. 윤동식은 고민 끝에 용단을 내렸다. 자신에게 패배를 안긴 사쿠라바에게 MMA를 배우기로 하고 일본으로 건너갔다. 경기장 밖

사쿠라바는 따뜻한 사람이었다고 한다. 윤동식에게 여러 가지 조언을 해 줬다. 가장 기억에 남은 말은 "상대를 죽인다고 생각하고 싸워라"였다. 상대방에게 직접적으로 생명의 위협을 주는 투기 스포츠인 MMA에서 전쟁에 나가는 것처럼 각오를 다지지 않으면 살아남을 수 없다는 의미였다. 원래 상대를 향한 증오에 가까운 악감정은 맥그리거의 원천 에너지 중 하나였다. 승부욕을 더 예리하게 다듬는 칼날이었다. 마음속 칼날을 다시 꺼내 들 계기가 찾아왔다. '기부금 논란'이었다. 앞서 맥그리거는 UFC 257에 앞서 포이리에가 운영하는 '굿 파이트 파운데이션'에 50만 달러 기부를 약속했다. 4월 포이리에가 트위터로 맥그리거가 기부금을 내지 않고 있다고 폭로하면서 소용돌이가 일기 시작됐다. "기부하기로 하고 지난 1월 이후 연락을 안 받고 있네." 맥그리거는 "기부는 빚이 아니다"라며 짜증을 냈다.

사용처를 정확히 알아야 기부금을 낼 수 있다고 받아쳤다. 포이리에가 "너희는 우리가 보내는 이메일에 어떠한 반응도 보이지 않고 있다"라고 따졌다. 맥그리거가 폭발했다. 포이리에가 이 문제를 SNS에 공개한 건 실수였다고 사과해도 소용없었다. 맥그리거는 약속한 50만 달러를 '굿 파이트 파운데이션'이 아닌 다른 자선 단체에 기부했다. 포이리에의 고향 루이지애나 라파예트의 '보이스 앤드 걸스 클럽'에 보냈다.

다시 스릴러

7월 8일 UFC 264 기자회견은 반년 전 UFC 257 기자회견과 사뭇 달랐다. 3탄은 다시 스릴러 무비였다. 맥그리거는 작정했다. 아이들을 데리고 오지 않았다. 안경

대신 선글라스를 꼈다. 우리가 기억하고 기대하던 '떠버리 모드'로 돌아왔다. 테이블에 놓여 있던 포이리에의 핫소스를 집어 들어 관중석으로 휙 던져 버리더니 포이리에의 주변을 어슬렁거리며 신경전을 걸었다. 페이스오프에선 발길질로 포이리에의 화를 돋웠다. 물론 포이리에의 몸은 전혀 건드리지 않은 기술적인 발차기였다.

입놀림 역시 '맥태식'다웠다. "넌 이번 주말 옥타곤 위에서 강아지처럼 기어 다닐 거야. 넌 조무래기일 뿐이야. 사실상 아내 졸리가 너의 집 가장이지. 넌 조무래기야. 이 멍청한 촌뜨기야. 넌 졸리의 마누라야. 공처가 자식!"이라고 공격했다. 포이리에를 버스터 더글라스에 비유하기도 했다. "그는 버스터 더글라스야. 더글라스처럼 유명해졌다가 그렇게 잊히겠지. 지난 승리는 요행이었거든. 이번 주말 내가 바로잡아 주겠다"라며 목에 핏대를 세웠다. 더글라스는

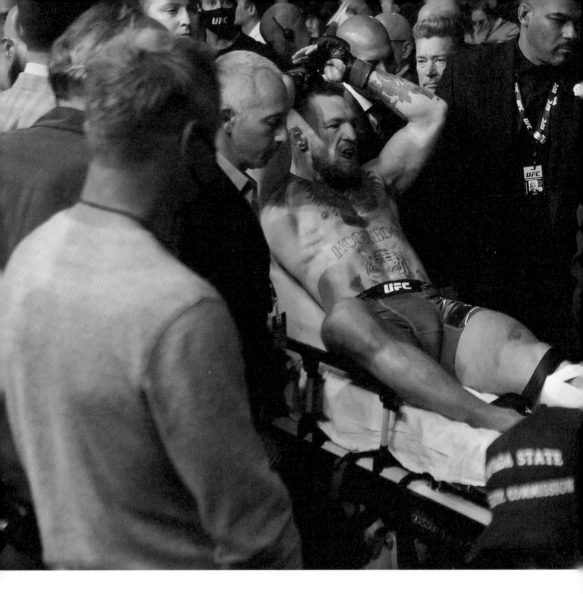

1990년 2월 마이크 타이슨에게 10라운드 KO승을 거두고
WBA WBC IBF 헤비급 통합 챔피언에 오른 복서다. 지금도
손꼽히는 복싱 역사 최대 이변의 승자였다. 더글라스는 바로
다음 경기인 1990년 10월 타이틀 1차 방어전에서 에반더
홀리필드에게 3라운드 KO로 졌고 1999년 은퇴하기 전까지
다신 챔피언에 오르지 못했다.

포이리에도 준비가 돼 있었다. 도발에 말려들지 않았다.
1차전 감정에 휘둘린 그 포이리에가 아니었다. 또박또박
조곤조곤 맞받아쳤다. "예전엔 이거보다 훨씬 말을
잘했잖아. 트래시 토크는 예전이 나았어. 너무 약해졌네"라며
웃었고 "이번 주에 지고 나서 무슨 변명을 할지 궁금하다.
난 누구도 미워하지 않는다. 심리적으로 다른 단계에 와

있다. 맥그리거를 존중한다. 그가 뭘 하든 신경 안 쓴다"라고
말했다.

악인

"으악!"

2만 62명 관중의 함성으로 가득 찬 티모바일아레나.
맥그리거는 비명을 질렀다. UFC 264 메인이벤트에서
발목이 우지끈 부러졌다. 1라운드 5분 닥터 스톱 TKO패
했다. 출발은 괜찮았다. 2차전과 다르게 로킥과 앞차기로
거리를 쟀다. 그런데 2차전 승리로 포이리에는 자신감이
하늘을 찔렀다. 맥그리거가 어떻게 나올지 알고 있었다는 듯,

크게 동요하지 않고 펀치로 응수했고 테이크다운까지 성공했다. 거기다 무시무시한 팔꿈치 폭격을 시작했다. 아찔한 장면은 1라운드 막판에 나왔다. 겨우 일어난 맥그리거가 왼손 스트레이트를 길게 찌를 때 왼쪽 발목이 꺾였다. 2021년 7월 10일은 맥그리거에게 잊지 않는 그리고 잊을 수 없는 날이 됐다.

2차전 패배를 인정하며 악수를 청하던 그는 없었다. 이를 바득바득 갈았다. 조 로건과 옥타곤 인터뷰에서 "아직 끝나지 않았다. 옥타곤 밖에서 싸우는 것이었으면 계속했다"라고 우겼다. 그리고 선을 넘었다. 경기 전부터 맥그리거는 졸리 포이리에가 개인적인 메시지를 보내려고 했다고 밝히고 있었다. 마치 졸리가 자신에게 관심을 표현했다는

식으로 몰아갔다. 발목을 다친 상태에서도 트래시 토크를 계속했다. "포이리에의 아내가 내게 메시지를 보냈다. 졸리, 나중에 전화해. 통화하자. 오늘 나이트클럽 애프터파티에서 봐"라고 희롱했다. 패배엔 이유가 필요하다. 맥그리거는 부상을 안고 싸웠다고 주장했다. "내가 맥그리거의 로킥을 무릎으로 방어할 때 발목을 다쳤을 것"이라는 포이리에의 발언을 강하게 부인했다. 이미 출전하기 전부터 '피로골절'로 발목과 정강이에 부담이 가 있었다는 게 맥그리거의 주장이다. '피로골절'은 반복적인 자극으로 발생한 뼈의 미세한 골절을 말한다. "경기 전 부상 상태였다. 사람들이 언제 다리가 부러졌는지 궁금해한다. 데이나 화이트 대표에게 물어봐라. UFC에 물어봐라. UFC 담당 의사 데이비슨 박사에게 물어봐라. 그들은 알았다. 옥타곤에 올라가기 전 이미 피로골절이 있었다. 출전을 취소해야 하는지 논의도 있었다"라고 말했다.

잊을 수 없는 날

2차전 맥그리거와 3차전 맥그리거, 아직도 어떤 맥그리거가 진짜인지 모른다. 지킬 박사와 하이드 씨, 브루스 배너와 헐크처럼 양면성을 지닌 하나의 존재라고 봐야 할까. 마이클 비스핑은 "맥그리거가 포이리에와 4차전 포석을 깔았다"며 흥행에 목적을 둔 행동이라고 평했지만, 굳이 가족까지 위협해야 했을까 아직도 의문이다. 팬들에게 톡 쏘는 강한 자극으로 사랑받으며 여기까지 온 맥그리거가 더 강한 자극을 줘야 한다는 강박관념으로 헐크를 깨운 것일 수 있다. 은퇴하기 전까지 헐크로 살아가겠다는 선언일 수도 있겠다 싶다.

2021년 7월 10일 맥그리거도 맥그리거의 팬들도 잊을 수 없는 날이 됐다. 나중에 시간이 흘러 이날은 어떤 날로 기억될 것인가. 맥그리거가 정점을 찍고 하향 곡선을 그리기 시작하는 날이 될까. 아니면 마음을 다잡고 기술을 보완해 정상에 도전하는 새 출발의 날이 될까. 결말은 열려 있다. 현재 맥그리거는 부상을 재활하며 몸을 만드는 중이다. UFC 복귀를 준비하는 한편, 웰터급 타이틀에 도전하겠다는 둥 여전히 입 놀리기 바쁘다. 팬들은 그런 그를 기다리고 있다. 맥그리거의 이야기는 'ing'다. 어떻게 흘러가든 뒤통수를 때리는 서프라이즈 쇼가 되겠지.

아들이 선택한 직업을 받아들이기 힘들었다.
그런 직업이 있는지 본 적이 없었기 때문이다.
결국 아들의 의지를 인정하고 응원했다.
시간이 흘러 아들은 내가 틀렸다는 걸 증명했다.
너무나 자랑스러운 아들이 됐다.
'아버지' 토니 맥그리거

사람들은 이해하지 못한다.
맥그리거는 단순한 트래시 토커가 아니다.
뛰어난 엔터테이너.
'원조 트래시 토커' 차엘 소넨

맥그리거는 좋은 선수다.
그런데 이 정도 위치에 오른 건 UFC가 띄워 줘서다.
내가 맥그리거보다 뛰어난 선수다.
'영혼의 라이벌' 네이트 디아즈

맥그리거는 UFC에서 가장 저평가되고 있는 파이터다.
맥그리거 앞에 새로운 상대가 나타나면,
그가 레슬러거 아니건 사람들은 맥그리거가 질 것이라고 예상한다.
'UFC 대표' 데이나 화이트

맥그리거는 특별한 사람이다.
은행 계좌에 5억 달러를 쌓아 두고도 UFC에서 싸우려고 하지 않나?
맥그리거는 치고받는 싸움을 원하는 사람 중 가장 부자일 것이다.
'UFC 해설 위원' 조 로건

솔직히 맥그리거의 전성기는 지나갔다.
영원히 정상에 머무르지 못한다.
하지만 맥그리거는 라이트급 톱 5 중 찰스 올리베이라를 이길 수 있다.
'UFC 해설 위원' 마이클 비스핑

MENTION
FOR
CONOR

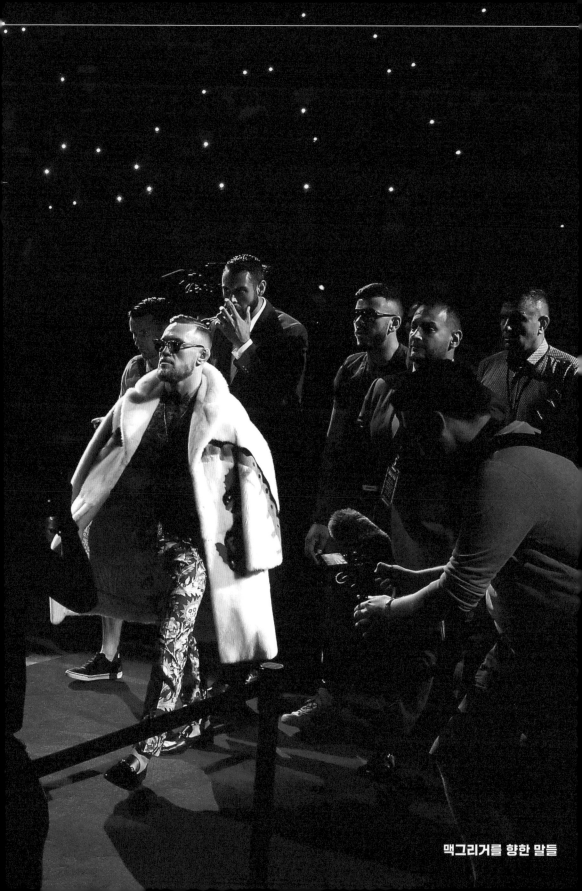

맥그리거를 향한 말들

맥그리거는 펀치 치는 법을 모른다.
때리지 못한다. 어퍼컷은 기억도 안 난다.
주먹이 굉장히 부드러웠다.
맥그리거가 잘못한 일은 나와 같은 링에 섰다는 것,
잘한 일은 나와 같은 링에 서서 큰돈을 벌었다는 것이다.

'50전 50승' 플로이드 메이웨더

다른 사람의 아버지, 아내, 아이들 또는 종교에 대해 떠들 수 있는 존재는 악마뿐이다.
보통 사람이라면 그런 말을 하지 못한다.

'전 UFC 라이트급 챔피언' 하빕 누르마고메도프

미디어 속 모습이 사람의 본모습이 아닐 수 있다.
난 늘 '맥그리거는 뛰어난 배우'라고 말한다.
맥그리거는 대단한 천재다.
'노토리어스 MMA'는 오랜 시간 연기한 맥그리거의 또 다른 인격이다.
맥그리거는 평소엔 조용한 편이다.
아주 솔직한 예술가의 특징을 갖고 있다.

'맥그리거 보디가드' 미첼 아트킨슨

맥그리거는 정강이 골절 부상을 딛고 돌아올 것이다.
챔피언의 의지를 의심하지 않는다.
그는 페더급과 라이트급을 지배한 챔피언이다.
정상급 선수와 경쟁할 레벨에서 다시 싸우려는 의지가 있다면 그는 그럴 수 있다.

'전 UFC 페더급 챔피언' 조제 알도

과거에 타이틀전과 맥그리거와 경기를 고를 기회가 있었다면
당연히 타이틀전을 선택했다. 이제 난 챔피언이다.
큰돈이 걸린 맥그리거와 대결 요청이 온다면 수락하겠다.
챔피언 벨트는 내 소유로 남을 것이다.
우린 업적을 쌓아 나갈 것이고 역사를 새로 쓸 것이다.

'현 UFC 라이트급 챔피언' 찰스 올리베이라

MENTION
FOR
CONOR

EPILOGUE

Doubt Is Removed By Action
행동만이 의심을 지운다

2004년부터 현장을 뛰었다. 주말마다 국내 대회를 다녔다. 일본으로 넘어가 프라이드와 K-1을 취재했다. 경기 영상도 꽤 많이 봤다. UFC처럼 메이저 단체의 경기는 다 챙겼다. 때로는 사라진 브라질 마이너 단체 경기를 찾기 위해 인터넷을 뒤졌다. 한창때는 출근 도장 찍듯, 매일 5경기 이상 감상했다. 나름 선수 보는 눈이 날카롭다고 믿었다. 유망주는 딱 보면 빛이 났다. '계속 지켜보자'며 별표를 친 선수가 나중에 큰 무대에서 활약하곤 했다.

코너 맥그리거는 그저 '재밌는 친구' 정도였다. 한 방이 있는 날카로운 스트라이커였지만, 챔피언감으론 안 보였다. "저렇게 까불다가 사라지는 친구들 많이 봤지"라고 생각했다. 펀더멘털이 약한 사람들이 요란한 법이니까. UFC 페더급 타이틀전은 데이나 화이트가 밀어줬기 때문에 가능했다고 봤다. "맥그리거가 조제 알도 이길 수 있나요?"라는 질문을 받으면 내 대답은 늘 같았다. "아무리 그래도 알도한테는 안 돼요. 맥그리거는 여기까지입니다! 하하하"

맥그리거가 내 대답을 깨뜨리는 데는 13초밖에 안 걸렸다. 운이 아니었다. 침착하게 준비한 카운터펀치를 맞혀 절대 강자를 쓰러뜨렸다. 자신을 쉽게 보고 덤빈 알도의 실수를 그냥 지나치지 않았다. 상대의 빈틈을 파고드는 힘, 그게 바로 킬러의 능력이다. 또한 반복 훈련의 결실이다. 그제야 "맥그리거 진짜였네" 다시 봤다. 첫눈에 뿅 반하는 사람도 있지만, 시간을 두고 보다가 매력을 발견하는 사람도 있다. 맥그리거가 인간적으로 좋아진 건 네이트 디아즈와 재대결에서다. 1차전 패배를 만회하려고 많은 걸 포기했다. 배수진을 친 '단호한 결의'를 느꼈다. 연패 공포를 떨치려고 자기 최면을 얼마나 걸었을지 상상했다. 오래 MMA를 보다 보니 질척질척하게 물고 늘어지는 진흙탕 싸움에 가슴이 뛴다. 경기 중 난관을 돌파하는 고도화된 기술과 칼날 같은 정신력이 있어야 처절한 도그 파이트를 펼칠 수 있다. 맥그리거는 그런 싸움으로 월드클래스 강자로 거듭났다. 1라운드 속전속결로 상대를 눕히던 맥그리거보다 디아즈와 25분 싸운 맥그리거가 더 끌렸다.

맥그리거는 UFC 데뷔부터 자신을 향했던 비판의 목소리를 듣고 있었다. 낙하산이다. 매치 메이킹이 유리했다. 상대가 약했다 등 뒷말이 무성했다. 그는 그때마다 결과로 보여 줬다. 자신을 채찍질해 의심의 벽을 돌파했다. "행동만이 의심을 지운다. 움직이지 않으면 의심이 따라붙는다(Doubt is only removed by action. If you're not working then that's when doubt comes in)" 자신이 했던 말대로 여기까지 왔다. 이제부터 맥그리거의 저력이 빛날 때다. 맥그리거는 파이터 인생 최대 위기에 빠져 있다. 발목이 부러져 공백이 불가피하다. 그 전에는 한 선수에게 두 번 연속 패했다. 상승 기류는 끝났다. 고도가 떨어지면서 내려가고 있다. 아니나 다를까. "이제 그는 끝났다"라는 의심이 스멀스멀 올라온다. 현재 맥그리거를 MMA 최강자라고 할 순 없다. 도덕적으로 모범이 되는 롤 모델도 아니다. 하지만 선택한 일을 사랑하고 결과를 내기 위해 전력을 다하는 사람인 것만은 확실하다. 그래서 맥그리거가 어떻게 나올까 기대하고 있다. 이대로 끝내진 않을 게 분명하다. 자존심이 허락하지 않을 테니까. 위기 돌파 작전이 성공할지 실패할지는 미지수지만, 결과가 어떻게 됐든 맥그리거라면 그 과정에서 깜짝 쇼를 보여 줄 것이라고 믿는다. 여러분들도 맥그리거의 행보를 지켜봐 주시길 바란다. 그는 늘 그랬던 것처럼 MMA 세계를 들었다 놨다 할 것이다.

우리는 의심 속에서 살고 있다. 사람들이 나를 의심한다. 어떨 땐 내가 나를 의심한다. 내일이 두렵다. 사람 앞에 나서기가 겁난다. 바로 그때가 맥그리거처럼 포효해야 할 때다. 지금까지 반복 훈련해 온 자신의 저력을 믿고 당당히 앞으로 나아가야 할 때다. 가슴속 고릴라를 깨우고 호랑이처럼 으르렁거릴 타이밍이다. 세상에 맥그리거처럼 '서프라이즈 서프라이즈 쇼'를 보여 주자. 우리가 남몰래 흘린 땀의 양이라면 25분 동안 난타전을 펼칠 수 있다. 악명을 떨칠 수 있다.

Conor
McGregor

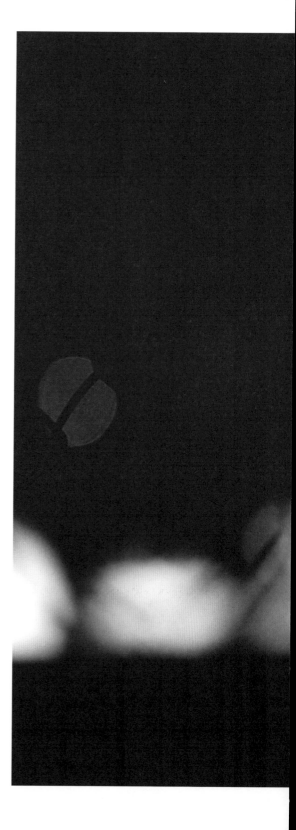

1ST PUBLISHED DATE 2022. 4. 15

AUTHOR Sunsoo Editors, Lee Gyodok
PUBLISHER Hong Jungwoo
PUBLISHING Brainstore

EDITOR Kim Daniel, Cha Jongmoon, Park Hyerim
DESIGNER Champloo, Lee Yeseul
MARKETER Yook Ran
E-MAIL brainstore@chol.com
BLOG https://blog.naver.com/brain_store
FACEBOOK http://www.facebook.com/brainstorebooks
INSTAGRAM https://instagram.com/brainstore_publishing
PHOTO Getty Images, Yonhap News

ISBN 979-11-88073-90-0 (36900)

CONOR McGREGOR